KB041213

쇼펜하우어 철학이야기

쇼펜하우어 철학이야기

이서규 지음

서광사

쇼펜하우어 철학이야기

이서규 지음

펴낸이 | 김신혁, 이숙
펴낸곳 | 도서출판 서광사
출판등록일 | 1977. 6. 30.
출판등록번호 | 제 406-2006-000010호

(413-120) 경기도 파주시 회동길 77-12 (문발동)
대표전화 (031) 955-4331   팩시밀리 (031) 955-4336
E-mail: phil6161@chol.com
http://www.seokwangsa.co.kr | http://www.seokwangsa.kr

지은이와의 합의하에 인지는 생략합니다.

제1판 제1쇄 펴낸날 — 2014년 11월 30일

ISBN 978-89-306-1410-8   03160

차례

우리 인간은 삶을 살아가면서 어떤 식으로든 고통과 불행을 경험한다. 마치 자신에게 주어진 비극적인 운명을 감당해야만 했던 오이디푸스 왕처럼 우리 모두는 고통스러운 삶의 비애를 감당해야만 하는 운명에 내던져져 있다. 우리는 이처럼 숙명적으로 주어진 삶의 고통 속에서 끊임없이 불안과 절망을 경험하면서 하루하루를 살아간다. 그러면서 우리는 '왜 인간의 삶이 이처럼 고통스러울까'라고 묻게 될 것이다. 우연하게 또는 이유 없이 우리에게 다가오는 삶의 부조리한 모습들, 우리 스스로가 만들어내거나 또는 타인과의 관계에서 야기되는 수많은 갈등과 투쟁들, 이러한 상황에 빠져들면 들수록 다가오는 점점 더 알 수 없는 나의 존재 그리고 우리 존재에 대한 혼란스러움들……. 이런 점에서 볼 때 우리는 인간의 삶이 결코 행복한 것이라고 말할 수 없을 것이다.

쇼펜하우어의 철학은 힘겹게 살아가야만 하는 우리의 고통스러운 삶과 그러한 삶의 본질에 대해서 이야기하고자 한다. 우리가 원하지는 않았지만 어느 날 갑자기 우리에게 주어진 삶, 단지 하나의 운명이라고 받아들이기 어렵다가도 어느 순간 조금은 알 것 같은 삶의 의미, 곧 다시 우리를 당혹하게 만들어버리고 마는 삶의 애매함, 삶의 한가운데서 우리가 직접 만나볼 수 없지만 삶의 매순간마다 느끼는 죽음에 대한 두려움……. 특히 죽음은 멀리 떨어져 있는 것 같으면서도 살아 있는 동안 끊임없이 우리를 고통스럽게 만든다.

그러나 쇼펜하우어는 정작 우리를 두렵게 하는 것은 죽음이 가져다주는 것이 아니라고 보았다. 오히려 그는 죽음에 대해서 갖고 있는 근거 없는 불안이 우리를 두렵게 한다고 본다. 쇼펜하우어는 고대 그리스의 철학자 에피쿠로스가 '삶이 주어진 동안에는 죽음이 다가와 있지 않고, 죽음이 다가오면 더 이상 삶은 존재하지 않기 때문에 우리는 죽음에 대해서 걱정할 필요가 없다'고 말한 것에 주목한다. 쇼펜하우어가 주목하는 것은 죽음이 아니라 우리의 삶 자체이다. 왜냐하면 삶은 우리를 끊임없이 고통 속으로 이끌고 가기 때문이다.

쇼펜하우어는 우리가 삶의 본질을 파악하기는 쉽지 않다고 본다. 왜냐하면 우리는 반복되는 일상적인 삶을 살아가면서 삶의 적나라한 본질을 통찰하지 못하기 때문이다. 쇼펜하우어에 따르면 사람들은 대부분 세계를 표상으로서 파악하지만 맹목적인 삶에의 의지에 지배받는 고통스러운 삶을 살아간다. 고통스러운 순간에는 그 고통을 극복하기 위해 발버둥치지만, 그 고통에서 잠시 벗어나면 우린 언제 그랬냐는 듯이 다시 표상세계에 사로잡혀 살아간다. 마치 반복하여 바위를 굴리는 시지포스의 운명처럼 인간의 운명은 고통과 그에 대한 망각이 끊임없이 되풀이될 뿐이다. 불빛이 화려하게 늘어선 거리를 걸으면서 막연하게 삶에 대한 만족과 위안을 느끼다가도, 문득 길모퉁이를 돌아서다 마주하는 고통스러운 삶을 살아가는 사람들, 어쩌다 마주친 그들의 눈길에서 무관심의 심연을 느끼게 될 때 우리의 삶은 더욱 고통스럽다.

쇼펜하우어는 표상세계가 지닌 허구적 속성을 지적하고, 표상세계 너머에 존재하는 의지세계를 폭로하며, 의지세계가 지닌 특징들을 밝

혀나가면서 맹목적인 삶에의 의지에 지배되는 고통스러운 삶에서 벗어나는 길을 우리에게 제시한다. 이러한 길은 철저하게 우리의 일상적인 삶에 대한 성찰 그리고 인간과 세계의 본질에 대한 형이상적 통찰을 통해서 주어진다. 이를 통해서 우리는 모순에 가득 찬 우리의 삶을 이해할 수 있을 뿐만 아니라 세계 모든 존재들의 근원적인 의미들을 이해할 수 있다는 것이 쇼펜하우어의 주장이다. 그에 따르면 삶의 진정한 모습은 세계를 하나의 전체로 인식하는 것이며 그 속에서 모든 존재자들을 하나의 절대적인 동일성 속에서 파악하는 것이다. 이 모든 것이 모두 나이며 서로 하나라는 생각 속에 다른 존재에 대한 근원적인 동정심이 생겨난다. 이러한 동정심은 우리로 하여금 내맡김의 삶과 철저한 고행의 삶을 살아가게 하며 세계 속에서 일어나는 모든 고통과 근심으로부터 해방한다. 즉 맹목적인 삶에의 의지로부터 해방이 이루어지는 것이다. 쇼펜하우어에 따르면 바로 이것이 의미 있는 삶이며, 이러한 길을 제시하는 것이 철학의 궁극적인 목표인 것이다.

우리의 삶은 한 번만 주어지는 것일지도 모른다. 나의 존재는 나의 죽음과 함께 사라져버릴 것이다. 그렇다면 지금 주어진 나의 삶은 얼마나 소중한 것이란 말인가? 그런데도 우리는 이러한 삶을 매일매일의 고통과 불안에게 내주고 허무한 삶을 살아야 한단 말인가? 그러기에는 너무나 이 삶이 짧고 아깝지 않은가? 쇼펜하우어는 우리에게 고통스러운 삶에서 벗어나서 우리의 삶을 대자연의 일부분으로, 모든 존재를 동근원적으로 관조할 것을 요구한다. 이러한 통찰은 인간으로 하여금 자신의 삶과 죽음이 지닌 궁극적인 의미를 알게 하며 맹목적인 삶에의 의지의 억압에서 벗어날 수 있게 해준다.

나는 이전에 철학전공자를 대상으로 쇼펜하우어의 철학에 관한 책을 출판한 적이 있는데, 이번에는 일반인을 대상으로, 쇼펜하우어의 대표

저서인 『의지와 표상으로서의 세계』를 중심으로 그의 철학에 대해 체계적이고 이해하기 쉽게 설명하려고 한다. 쇼펜하우어의 철학은 인식론, 자연철학, 미학, 윤리학의 문제를 다양하게 다루며, 이들은 모두 의지의 형이상학의 주요문제들과 연결된다. 쇼펜하우어에 따르면 철학의 다양한 분야들은 서로 구분되는 것이 아니라 동일한 사태를 다른 관점에서 논의하는 것으로, 쇼펜하우어의 철학을 올바르게 이해하기 위해서는 이러한 철학의 다양한 분야들이 아주 긴밀하게 연결된다는 점을 간과해서는 안 된다.

나는 이 책이 우리를 둘러싸고 있는 세계와 그 속에서 끊임없이 펼쳐지는 삶의 의미들을 쇼펜하우어의 시각에서 이해하는 데 조금이나마 도움이 되었으면 한다. 또한 쇼펜하우어가 제시하는 삶과 세계에 대한 철학적인 성찰이 삶의 고통을 견뎌내게 하고, 그러한 고통 못지않게 삶을 힘들게 하는 끝없는 무의미의 심연으로부터 벗어나게 할 수 있는 조그마한 철학적 위안을 현대인들에게 줄 수 있다면 그것으로 족하다고 할 것이다. 그리고 이 책의 원고를 꼼꼼하게 교정해준 서광사 편집부 태호 선생님께 고마움을 표하고 싶다. 끝으로 한 번뿐인 이 삶을 의미 있게 살아가려고 최선을 다해 진지하게 노력하는 사람들에게 감사와 위로의 말을 전하고 싶다.

2014년 11월
부조리한 삶의 한가운데서
이서규

쇼펜하우어는 서양철학사에서 중요한 역할을 한 사람이다. 소위 삶의 철학자라고 불리는 쇼펜하우어의 독창적인 철학은 삶의 본질과 세계의 존재의미에 대해 의문을 지니는 많은 사람들의 마음을 사로잡았다. 특히 니체, 토마스만, 바그너, 프로이트, 도이센과 같은 사람들은 전통철학, 특히 이성주의에 사로잡힌 독일의 근대철학이 가져다준 공허함을 극복하려는 쇼펜하우어의 치열한 철학적 몸짓을 높이 평가하고, 이러한 그의 사상을 적극적으로 자신들의 세계관으로 수용하게 된다.

철학자 아르투르 쇼펜하우어, 그는 우리의 눈앞에 펼쳐진 세계와 그 속에서 전개되는 삶의 의미에 대해서 그 누구보다도 진지하게 철학적 성찰을 수행했던 사상가였다. 인간뿐만 아니라 모든 존재의 궁극적인 존재의미에 대한 쇼펜하우어의 철학적 성찰은 그 어떤 철학자들보다도 성실하고 적극적으로 이루어졌다. 쇼펜하우어는 데카르트와 로크에 의해서 시작된 근대철학의 흐름 특히 칸트, 피히테, 셸링, 헤겔에 의해서 정립된 독일관념론(Deutscher Idealismus)과 구분되는 독창적인 세계관을 정초하였다. 특히 그는 이성의 역할에 대한 절대적인 신뢰에 토대를 둔 당시의 철학을 단호하게 비판할 뿐만 아니라 나아가서 인간과 세계의 본질에 대한 근원적인 통찰이 결여된 서양철학에 대한 적극적인 해체를 전개한다. 이러한 쇼펜하우어의 입장은 세계에 대한 낙관주의적인 해석을 거부하고 염세주의적인 세계관을 우리에게 제시한다.

그러나 여기에서 쇼펜하우어의 철학이 지닌 입장을 단순히 염세주의라고 규정하고, 그의 철학을 세계의 존재와 그 속에서의 삶을 부정적으로 해석하는 것으로 이해해서는 안 된다. 왜냐하면 쇼펜하우어의 염세주의는 철학의 종결을 위한 것이 아니라 새로운 철학으로 진입하기 위한 적극적인 통로이기 때문이다. 그의 염세주의에서는 그저 무의미하게 반복적으로 다가오는 삶의 굴레에서 벗어날 수 있게 하는 파토스를 경험할 수 있으며, 세계의 근원으로 우리의 철학적 사색을 이끌어줄 형이상학적 통로를 발견할 수 있다. 따라서 그의 염세주의는 오히려 삶의 본질과 세계의 궁극적인 존재의미를 파헤치려는 철학적인 열정으로 평가되어야 할 것이다. 이렇듯 쇼펜하우어의 철학은 세계를 염세주의적인 측면에서 고찰하면서 삶에 대한 근원적인 성찰을 제공하고, 나아가서 고통스러운 삶으로부터의 해탈을 가능하게 하는 길을 제시한다.

쇼펜하우어의 철학은 철학사적인 측면에서 본다면 당시의 철학적인 분위기, 즉 인간의 삶과 세계의 적극적인 변화와 발전을 신뢰하였던 낙관적인 해석과는 거리를 둔다. 특히 쇼펜하우어는 근대 이후 독일관념론자들에 의해서 전개된 이성에 대한 적극적인 신뢰를 거부한다. 이성이라는 용어를 받아들이고 해석하는 방식은 서로 다르지만, 독일관념론자들은 공통적으로 인간과 세계가 이성의 역할을 통해서만 해석될 수 있다고 생각했다. 즉 인간이 '이성적인 동물'이라는 신념은 결코 파기될 수 없으며, 이성적인 동물인 인간에 의해서 구성된 사회는 어떤 식으로든 긍정적으로 해석될 수 있다고 생각했던 것이다. 그러나 쇼펜하우어의 철학은 이러한 이성에 대해서 아주 단호하고 냉정한 태도를 드러낸다. 여기에서 우리는 쇼펜하우어의 철학이 이성에 대한 불신에서 시작된다는 것을 확인할 수 있다. 그런데 이 점은 인간의 본질에 대한 탐구를 거부하는 것 그리고 철학을 통해서 의미 있는 삶의 지평을 그려나가는 것을 포기하는 것과는 구분되어야 한다. 왜냐하면 쇼펜하우어가 전개하는 이성에 대한 비판은 무엇보다도 바로 의미 있는 삶, 결코 어떤 것으로 환원될 수 없는 소중한 우리의 삶에 대한 애착과 경이로움의 감정에서 시작되기 때문이다. 이유를 알 수 없이 주어진 우리의 삶, 그렇다고 무의미하게 채워버릴 수 없는 우리의 소중한 삶을 성실하게 살아가려는 간절한 염원이 쇼펜하우어로 하여금 전통철학을 비판하게 하고 나아가서 삶의 본질에 대한 성찰과 세계에 대한 철학적인 관조를 시도하게 한다.

그러나 우리는 이러한 쇼펜하우어의 철학적 성찰이 플라톤의 철학, 칸트의 철학 그리고 고대 인도사상인 우파니샤드철학에서 많은 영향을 받았다는 점을 잊지 말아야 한다. 쇼펜하우어 자신이 분명하게 밝히고 있듯이, 이 사상들은 『의지와 표상으로서의 세계』에서 그의 철학체계를 구축하는 데 매우 중요한 역할을 한다. 달리 표현하자면 쇼펜하우어의 철학은 이들 플라톤의 철학, 칸트의 철학, 우파니샤드철학과 깊은 교감을 나눈다고 말할 수 있을 것이다. 경험세계에 대한 이데아의 세계의 우월성을 주상하면서, 경험세계에시 벗어니서 이데아의 세계로의 초월을 적극적으로 강조하는 플라톤의 철학은 표상세계의 배후에 존재하는 의지세계를 강조하는 쇼펜하우어의 철학에 많은 영향을 준다. 또한 현상세계와 물자체의 세계를 구분하면서 현상세계와 물자체의 세계가 지닌 특징을 우리에게 비판적으로 제시하는 칸트의 철학은 쇼펜하우어로 하여금 표상세계와 의지세계의 본질에 대한 형이상학적인 해석을 가능하게 해준다. 그리고 시공간적으로 제약된 세계에 존재하는 모든 차별성이 실제로는 가상적인 것임을 폭로하는 우파니샤드철학은 의지의 객관화의 과정에서 개체화의 원리가 야기하는 수많은 존재들 사이의 갈등과 맹목적인 삶에의 의지에 의해 모든 존재가 겪을 수밖에 없는 삶의 고통을 제거할 수 있는 형이상학적인 통찰을 제공해준다.

　쇼펜하우어의 철학은 그의 대표저서인 『의지와 표상으로서의 세계』에서 잘 드러나듯이 세계를 표상으로 규정하는 것에서 시작된다. '세계는 나의 표상이다'(Die Welt ist meine Vorstellung)라는 그의 주장은 '세계는 의지이다' 라는 그의 주장과 함께 세계의 존재특성에 대한 쇼펜하우어의 생각을 잘 드러낸다. '세계는 나의 표상이다' 라는 주장은 우선적으로 우리가 세계를 주관적인 관점에서 파악한다는 것을 의미한다. 우리는 세계를 주관에게 부여된 몇 가지 형식들을 통해서 '구성' 한다는 것이다. 물론 우리는 이 말을 세계가 주관에 전적으로 의존해서 존재한다는 것으로 해석해서는 안 된다. 쇼펜하우어의 주장은 세계를 인식하는 것이 주관의 작용을 통해서 이루어진다는 것이다. 그러나 세계의 인식이 아니라 세계의 존재의 경우에는 사정이 다르다. 세계가 존재하는 이유는 주관 때문이 아니라 의지의 드러남에 의해서이기 때문이다. 그렇다고 해서 '세계는 나의 표상이다' 라는 말이 표상으로서의 세계가 아무런 의미가 없다는 것을 의미하지 않는다.

　쇼펜하우어에 따르면 표상세계는 우리가 세계를 일차적이고 현상적으로 경험하는 방식이다. 인간뿐만 아니라 모든 존재는 세계를 우선적으로 표상으로서 경험하고 파악할 수밖에 없다. 이 점은 플라톤이 '동굴의 비유' 를 통해서 모든 인간존재가 운명적으로 경험세계라는 어두운 동굴에 갇혀 살 수밖에 없다는 주장과 같은 맥락에서 이해할 수 있을 것이다. 플라톤은 인간이 사물의 그림자를 사물의 본래적인 모습으로 받아들일 수밖에 없는 슬픈 운명을 갖는다고 본다. 우리가 경험하는 세계가 표상으로서의 세계라는 쇼펜하우어의 입장도 경험세계에 대한 플라톤의 해석과 연결된다.

우리는 살아가면서 눈앞에 펼쳐진 세계와 수많은 존재들을 전적으로 표상으로서 파악한다. 그러나 표상세계는 그 자체로 존재하는 것이 아니라 '나'의 앞에 놓인 세계이다. 표상세계는 나의 존재에 의해서 또는 나의 존재와 함께 있는 세계인 것이다. 여기에서 표상세계는 나와 사물들의 존재가 지닌 숙명적인 관계를 드러낸다. 쇼펜하우어에 따르면 세계를 표상으로 규정하는 것은 우리가 사물들의 존재를 이해하는 하나의 방식을 나타내는 것이다.

표상으로서의 세계는 우리가 시간과 공간 그리고 인과율을 통해서 사물들을 설명할 때 경험하는 세계이다. 즉 우리가 어떤 존재를 시간과 공간 그리고 인과율을 적용하여 파악하면 그때 존재들은 우리에게 표상으로서 나타나게 된다. 이처럼 세계를 표상으로 드러나게 하는 시간과 공간 그리고 인과율을 쇼펜하우어는 충분근거율이라고 부른다. 충분근거율은 사물과 사물들 사이의 관계를 구성하는 탁월하고 유일한 원리이다. 표상으로 존재하는 사물들은 무조건 충분근거율의 지배를 받는다. 쇼펜하우어는 그의 박사학위 논문인 「충분근거율의 네 가지 뿌리에 관하여」에서 우리가 경험하는 세계가 네 가지 종류의 근거율에 의해서 표상이 된다는 점을 설명하는데, 그것은 각각 인식의 근거율, 생성의 근거율, 존재의 근거율, 행위의 근거율이다. 네 가지의 근거율은 표상들이 결합하는 다양한 방식을 제공하면서 표상세계를 각각 인식의 관점, 생성의 관점, 존재의 관점, 행위의 관점에서 고찰할 수 있게 해준다.

쇼펜하우어에 따르면 표상세계는 주관에 의해서 제약된 세계로, 여기에서 우리는 이러한 표상세계와 긴밀하게 관계를 맺고 있음을 알 수 있다. 다시 말해 우리는 하나의 주관으로서 세계를 객관으로서 파악한다. 우리가 경험하는 세계는 우선적으로 우리의 주관에 의해서 관찰되는 세계인 것이다. 그러므로 주관은 세계의 담지자이며 세계에로의 유일한 통로라고 할 수 있다. 그런데 이러한 입장은 이전의 철학자들, 즉 데카르트, 버클리, 칸트에게서도 살펴볼 수 있다.

근대의 합리론을 정초한 데카르트는 '나는 생각한다. 그러므로 나는 존재한다'(cogito ergo sum)라는 말을 통해서 사유하는 자아의 존재에 대한 확신을 넘어서서 사유하는 자아에 의해서 세계의 존재가 논의되어야 한다는 입장을 제시한다. 사유하는 자아는 세계의 존재를 가능하게 하는 근원적인 단초인 것이다. 이와 달리 경험론을 출발점으로 삼는 버클리의 입장은 '존재는 지각이다'(esse est percipi)라는 말을 통해 잘 드러나는데, 이것은 사물들의 존재가 우리의 지각작용을 통해서 비로소 우리에게 드러난다는 것을 의미한다. 우리의 지각을 통하지 않고서는 사물들의 존재는 알려질 수 없다. 버클리에 따르면 지각작용이 존재하지 않는다면 세계와 사물들도 역시 존재한다고 할 수 없다.

합리론과 경험론의 대립적인 입장을 종합하는 칸트는 우리의 인식능력인 감성과 오성에 의해서 현상세계가 구성된다는 점을 강조한다. 세계는 물자체의 세계가 아니라 현상세계라는 점에서 전적으로 감성과 오성의 인식능력을 지닌 인식주관의 구성물인 것이다. 즉 세계는 선천적으로 우리에게 주어진 시간과 공간이라는 직관형식과 순수오성 개념인 범주의 결합을 통해서 인식된다. 쇼펜하우어에 따르면 칸트가 『순수이성비판』에서 제시한 선험적인 인식의 가능성은 그의 표상세계의 인식방식과 매우 유사한 것이라고 할 수 있다. 특히 쇼펜하우어가 여기에서 주목하는 것은 시간과 공간이라는 직관형식과 12개의 범주 중에서 인과율이 사물 자체 또는 세계 자체가 지닌 것이 아니라 우리의 인식주관에게 선험적으로 주어진 것 또는 인식주관이 만들어낸 것이라는 점이다. 여기에서 우리는 세계인식에서 주관의 능동적인 역할을 확인할 수 있다. 이때의 주관은 인식주관으로서 모든 것을 인식하면서 자기 자신은 결코 어떤 것에 의해서도 인식되는 않는 야누스적인 성격을 지닌다. 쇼펜하우어가 표상세계에 대한 이러한 주관의 능동적인 역할을 인정하는 것은 『의지와 표상으로서의 세계』 2권의 1장에서 잘 드러난다.

　쇼펜하우어에 따르면 세계를 표상으로서 파악하는 주관의 작용은 전적으로 지성에 의한 것으로,[1] 이것은 표상세계가 지성에 의해서 파악되는 세계라는 것을 의미한다. 이러한 지성은 전통철학에서 이성이라고 불렸던 것으로, 지성은 세계를 시간과 공간 그리고 인과율을 통해서 서로 긴밀하게 연결된 표상으로서 파악하게 한다. 지성은 충분근거율에 의해서 세계를 법칙성 속에서 파악하면서 사물들의 다양한 성질들과 관계들을 우리에게 알려준다. 이때 지성의 측면에서만 본다면 세계는 주관과 객관이 결합하여 만들어낸 결과물이다. 쇼펜하우어는 지성이 표상세계의 본질을 설명하는 탁월한 원리라고 간주한다. 그러나 지성은 세계의 본질에 대한 근원적인 고찰을 제공하지 못한다.

　쇼펜하우어가 강조하는 것은 지성이 충분근거율을 통해서 표상세계의 다양한 특성들을 우리에게 드러내지만, 충분근거율의 근원에 대해서는 아무런 정보를 제공하지 않는다는 점이다. 비록 충분근거율이 표상세계의 현상들을 설명할 수 있는 원리이지만, 충분근거율 자체는 결코 표상세계에 의해서 설명될 수 없기 때문이다. 쇼펜하우어에 따르면 지성은 충분근거율 너머의 세계에 대해서는 아무런 언급을 할 수 없다. 여기에서 우리는 충분근거율에 의해서 파악되는 표상세계의 유한성을

1　쇼펜하우어가 사용하는 지성이라는 용어는 이전의 철학자들이 사용한 오성, 이성, 정신, 사유라는 용어를 총칭하는 것으로 이해할 수 있다.

언급할 수 있다. 표상세계에 존재하는 다양한 사물들의 관계들은 단지 지성과 충분근거율을 통해서 만들어진 것이라고 보아야 할 것이다.

쇼펜하우어는 이런 이유에서 세계를 표상으로서가 아니라 다른 관점에서, 즉 인식론적인 입장에서가 아니라 형이상학적인 관점에서 고찰해야 한다고 역설한다. 바로 이 점에서 쇼펜하우어는 전통철학과 결별하여 독자적인 사상을 제시한다. 쇼펜하우어는 세계의 본질이 전통철학에서처럼 당연하게 존재하는 것으로 여겨졌던 지성에 의해서가 아니라 오히려 전통철학에서 평가절하 하였던 요소인 신체를 통해서 비로소 그 본연의 모습을 드러낸다고 주장한다.

신체에 대한 언급은 쇼펜하우어로 하여금 표상세계 너머에 있는 다른 세계, 즉 의지세계로 우리의 시선을 이끌게 한다. 지성의 작용을 전적으로 신체의 일부분인 두뇌의 작용으로 규정하는 쇼펜하우어에 따르면 인식주관의 다양한 작용은 신체기관의 작용 중의 일부분일 뿐이다. 지성이 단순히 사물들의 존재를 충분근거율에 의해서 기술하는 것과는 달리, 신체는 사물의 존재에 대한 근원적인 통찰을 가능하게 해준다는 것이다. 이런 점에서 볼 때 세계를 지성에 의해서 표상으로서 파악하는 것은 세계에 대한 제한적인 관찰일 뿐이다.

쇼펜하우어에 따르면 전통철학은 신체의 적극적인 역할에 주목하지 않는다. 전통철학에서 신체는 물질의 일부분이며 또한 이러한 물질은 정신과 구분되는 것으로 간주될 뿐이었다. 즉 물질에 대한 정신의 배타적인 우월성이 확립되었던 것이다. 그러나 쇼펜하우어는 오히려 정신의 작용, 즉 우리의 판단작용, 감정작용 등은 우리의 신체의 활동에 의해서 만들어지는 이차적인 것이라고 주장한다. 신체는 정신의 모든 작용을 가능하게 하는 근거인 것이다. 이런 이유에서 우리는 세계의 본질을 탐구할 때 신체에 대해 적극적으로 관찰해야 한다. 쇼펜하우어는 우리의 신체에서 생겨나는 다양한 현상들을 고찰하면, 신체의 작용이 외부의 다른 것에 영향을 받고 있음을 알 수 있다고 주장한다. 즉 신체의 작용은 우리에게 의지의 존재를 알게 해준다는 것이다. 쇼펜하우어는 여기에서 이러한 신체의 다양한 작용이 바로 의지의 작용에서 생겨난다고 주장한다.

쇼펜하우어는 표상세계의 특징과 한계에 대해서 언급하면서 자연세계에 관심을 갖는다. 신체의 역할에 대한 적극적인 긍정은 쇼펜하우어에게 표상세계와는 다른 방식으로 세계를 파악하는 길을 모색하게 하고 자연에 관심을 갖게 한다. 왜냐하면 쇼펜하우어는 철저하게 자연을 의지의 드러남으로 파악하기 때문이다. 주관의 인식작용은 신체의 일부분인 두뇌의 작용을 통해서 이루어지며, 신체는 우리의 눈앞에 펼쳐진 자연의 일부분이다. 의지의 존재를 우리에게 드러내는 신체는 우리에게 세계를 표상으로서 파악하는 태도를 벗어나서 세계를 의지의 측면에서, 즉 세계를 자연으로 파악하게 한다. 쇼펜하우어의 의지의 철학은 바로 자연에 대한 관심 속에 그 특징이 잘 드러난다.

쇼펜하우어는 자연에 대한 관심 속에서 전통철학의 자연이해를 벗어나서 독창적인 자연관을 전개한다. 그에 따르면 자연세계는 의지가 객관화된 것으로, 근대의 주관성철학이 강조했던 것처럼 주관의 인식작용을 통해서 구성된 단순한 객관이 아니며, 특히 극단적인 관념론자들이 생각했던 것처럼 단지 관념의 결과물은 더더욱 아니다. 그렇다고 해서 자연이 고대의 유물론자들이 주장했던 것처럼 소위 하나의 죽은 자연으로서 단순한 기계적인 결합작용으로 이루어진 것도 아니다. 또한 자연은 신적인 존재에 의해서 창조되지 않았으며, 자연의 움직임과 변화를 이끌어가는 어떤 신적인 원리나 법칙도 결코 존재하지 않는다.

자연은 세계의 근원적인 본질이라고 할 수 있는 의지의 직접적인 드러남, 즉 '의지의 객관화'인 것이다. 이 점에서 자연은 인간과 대립하는 것이 아니며, 인간도 이러한 자연의 일부분이라고 할 수 있다. 왜냐하면 인간의 존재도 의지의 객관화 속에서 존재하기 때문이다. 쇼펜하우어의 이러한 생각은 정신과 물질의 극단적인 대립에 사로잡혀 있던 근대적인 사유와는 구별된다. 자연은 관념론자들이 생각하는 것처럼 단순히 정신적인 존재가 아니며, 유물론자들이 생각하는 것처럼 단순히 물질로 이루어진 존재도 아니다. 쇼펜하우어에 따르면 인간과 자연 사이의 실체적인 대립은 존재하지 않는다. 인간도 자연의 일부분이며 다양한 방식으로 전개되는 인간의 삶은 자연현상의 한 측면일 뿐이다. 물론 이 말이 인간과 자연 그리고 인간과 다른 사물들 사이에 절대적인 무차별성이 존재한다는 의미는 아니다. 여기에서 쇼펜하우어가 우리에게 말하려고 하는 것은 다양한 성질과 외형을 지니고 다양한 방식으로 존재하는 사물들로 구성된 자연 전체가 그것의 존재근거라고 할 수 있는 의지에 의해서 이끌린다는 점이다. 의지의 객관화는 바로 자연 속의 사물들이 의지에 의해서 서로 긴밀하게 연결된다는 점을 말해준다.

쇼펜하우어의 이러한 자연이해는 그의 의지의 철학을 바탕으로 자연에 대한 독창적인 해석들을 우리에게 제시한다. 그의 자연이해는 먼저 고대 그리스 초기의 물활론적인 사유와 신플라톤주의, 중세기독교철학에서 볼 수 있는 자연세계에 대한 무관심 내지는 평가절하를 비판하고, 나아가서 근대의 자연관에서 볼 수 있는 획일적인 기계론적 자연관을 비판한다. 그에 따르면 자연은 우리의 삶과 마찬가지인 것이며, 우리는 인간과 자연, 사물들과 자연 사이에 놓인 근원적인 연결고리를 관찰해야만 한다.[2] 이러한 긴밀한 연결고리를 제공하는 형이상학적 장치가 바

---

2 자연의 통일성은 나중에 쇼펜하우어가 존재하는 모든 것들의 동근원성을 주장하는

로 의지의 객관화이다.

쇼펜하우어에 따르면 의지의 객관화에 의해서 존재하는 자연의 수많은 사물들은 서로 유기적인 연결고리를 형성한다. 인간의 삶에서 나타나는 수많은 행동들과 삶의 형태들은 의지의 적극적인 드러남이다. 또한 자연 속에서 관찰되는 수많은 동물들의 존재방식들도, 비교적 소극적인 식물들의 존재방식도 역시 의지의 다양한 드러남인 것이다. 쇼펜하우어는 나아가서 자연 속에서 관찰되는 화학반응이나 물리적인 현상들도 모두 의지현상으로 설명할 수 있다고 주장한다. 예를 들면 지구가 하루에 한 번 자전하는 것이나 자석이 북극과 남극을 가리키는 작용도 모두 의지의 작용이라고 생각한다.

자연을 의지의 객관화에 의해서 설명하는 쇼펜하우어의 입장은 자연을 인과법칙에 의해서 설명하려는 입장과는 구분되어야 한다. 앞에서 언급했다시피 우리가 세계를 표상으로서 파악할 때는 네 가지 형태의 충분근거율을 사용하는데, 인과법칙은 이러한 네 가지 형태의 충분근거율 중의 하나로, 사물들의 변화에 적용되어 단지 표상들이 결합하는 방식을 우리에게 설명해줄 뿐이다. 그러나 의지의 객관화는 표상들의 결합을 넘어서 의지가 자신을 드러내는 수많은 현상, 즉 광활한 자연 속에서의 수많은 존재들과 그것의 끊임없는 생성과 변화를 전체적으로 설명할 수 있다.

쇼펜하우어는 표상세계를 넘어 충분근거율에 의존하지 않고 세계를 고찰하는 길을 제시한다. 우리는 세계를 표상으로서 파악하면서 모든 학문적인 토대와 내용을 얻어낼 수 있다. 표상세계에서 다양한 학문과

입장 그리고 모든 존재에 대한 절대적인 동정심을 강조하는 입장과 긴밀하게 연결된다. 인간과 자연 그리고 의지 사이에는 내적인 연결고리가 존재하는데, 쇼펜하우어에 따르면 이러한 연결고리를 해석해내는 것이 철학의 궁극적인 과제이다.

지식이 구축되고 이 위에서 인간은 의미 있는 삶을 살아가려고 한다. 그러나 쇼펜하우어에 따르면 표상세계에 근거한 삶의 방식은 우리에게 삶의 모순과 갈등의 근원을 바라볼 수 있는 지평을 제시해주지 않는다. 겉보기에 잘 정돈된 지식의 결과물과 다양한 학문적인 성과물들 사이에서 우리의 삶은 오히려 무미건조해지며 우리를 이끌어가는 삶의 무의미를 견뎌내지 못하게 된다. 우리가 이러한 삶의 방식에 의문을 가질수록 그리고 거리감을 느낄수록 우리는 표상세계에서 벗어나서 세계를 다른 측면에서 고찰하게 된다. 쇼펜하우어에 따르면 이때 다가오는 세계가 바로 이념세계다. 그러나 우리는 이념세계를 표상세계 건너편에 있는 또 다른 세계로 이해해서는 안 된다. 왜냐하면 쇼펜하우어가 말하는 이념세계, 정확히 말하자면 세계를 이념으로서 파악한다는 것은 플라톤이 말하는 경험적인 세계 너머의 이데아의 세계를 의미하는 것이 아니기 때문이다. 이념세계는 세계에 대한 피상적인 해석방식, 즉 세계를 충분근거율에 의해서 파악하는 태도를 제거하는 것에서 가능하다.

세계를 이념으로서 파악하는 것은 먼저 세계의 모든 사물들 사이에 있는 필연적인 인과관계를 부정하는 것이다. 우리는 세계를 표상으로 파악할 때 사물들 사이에는 긴밀한 인과관계가 성립한다고 생각한다. 그러나 이념을 조망하면서 이제는 더 이상 필연적인 인과관계는 주어지지 않는다. 이념의 조망은 시간과 공간 그리고 인과율에 얽매이지 않는 것을 의미한다. 그러나 쇼펜하우어에 따르면 이것은 결코 쉬운 일이 아니다. 왜냐하면 사람들은 대부분 일상생활에서 시간과 공간 그리고 인과율에 철저하게 얽매여 살아가기 때문이다. 이념의 조망을 위해서는 우리의 의식에 적극적인 변화가 요구된다.

쇼펜하우어는 『의지와 표상으로서의 세계』 3권에서 이념의 조망이 아무에게나 가능한 것이 아니라는 점을 강조한다. 이것은 충분근거율에 얽매이지 않는 사람에게서 가능한데, 쇼펜하우어는 그러한 사람을 바로 천재라고 부른다. 그에 따르면 천재는 표상으로서의 세계에서 벗어나서 이념 속에서 사물들의 본질을 응시하고 세계를 그 근원에서 꿰뚫어보려고 한다. 즉 천재는 충분근거율에 대한 집착을 과감하게 끊어버리고 세계를 순순한 상태에서 관조하는 것이다. 이념의 조망 속에서 너와 나의 구분, 즉 주관과 객관의 구분이 사라지게 되고, 천재는 이 속에서 자신과 사물들 사이에 놓인 대립과 갈등을 잊어버리게 된다.[3]

천재는 단순히 많은 지식의 획득을 통해서 이루어지는 것이 아니다. 쇼펜하우어에 따르면 천재는 의미 있는 삶을 위한 갈망 속에서 생겨난다. 천재는 모든 존재에게 다가오는 고통스러운 삶에 대한 깊은 연민 속에서 자신의 존재를 잊어가면서 세계의 근원에 대한 탐구를 전개해나가는 사람이다. 이념세계는 천재처럼 자신이 아닌 타인을 위한 삶에 관심을 갖고 살아가는 사람에게 다가오는 세계인 것이다. 이념을 조망하는 사람은 순수인식주관의 상태에서 존재하는 사물들을 고통스럽게 얽어매는 인과관계라는 연결고리를 제거하고 사물들을 의지에 지배받지 않는 상태에서 고찰한다.

쇼펜하우어는 이념의 조망을 예술과 연결시킨다. 그에 따르면 예술의 궁극적인 과제는 바로 이념의 조망이다. 이러한 쇼펜하우어의 입장은 예술을 소극적이고 심지어는 부정적으로 보았던 플라톤의 입장과는 많은 차이가 있다. 쇼펜하우어에 따르면 예술가들은 표상세계에 사로잡히지 않고 이념을 조망하면서 한층 더 세계의 본질에 대한 탐구를 가

---

3 쇼펜하우어에 따르면 진정한 천재는 단순히 지적인 능력이 뛰어난 사람이 아니라 자신의 존재를 망각하고 이념의 조망 속에서 타인을 위한 삶을 살아나가는 사람을 의미한다. 이러한 천재의 의미는 나중에 쇼펜하우어가 의지의 부정을 언급하는 것과 깊은 연관성을 갖는다.

능하게 해준다. 쇼펜하우어는 여기에서 예술가의 적극적인 역할을 우리에게 제시한다.

쇼펜하우어는 이념의 조망이 충분근거율에 얽매여 있는 우리의 삶에서 벗어나게 하면서 표상세계가 지닌 한계를 볼 수 있게 해주고, 맹목적인 삶에의 의지의 지배로부터 우리를 위로해줄 수 있다는 점에서 긍정적이지만, 이념의 조망이 맹목적인 삶에의 의지로부터 우리를 완전하게 벗어나게 하지는 못한다는 것을 인정한다. 우리는 비록 이념의 조망을 통해서 의지의 지배로부터 벗어나는 것처럼 보이지만, 이것은 아주 짧은 시간 동안만 지속될 뿐이다. 이념은 결코 의지의 지배로부터 우리를 완전하게 벗어나게 할 수 없다. 앞서 언급한 것처럼 예술가는 자신의 예술작품을 통해서 우리에게 충분근거율에 얽매이지 않는 대상들을 잠시 경험하게 해줄 수 있지만 궁극적으로 의지의 지배에서 벗어나게 해줄 수는 없는 것이다. 의지는 존재하는 모든 것을 관통하여 그 핵심에서 지배하는 근원적인 것이기 때문이다.

쇼펜하우어는 『의지와 표상으로서의 세계』 4권에서 맹목적인 삶에의 의지가 야기하는 고통스러운 현상들에 대해서 상세하게 언급한다. 모든 개체들 속에 깃들어 있는 맹목적인 의지는 개체 자신을 위하여 다른 모든 것을 희생시킬 준비가 되어 있다. 특히 인간은 다른 어떤 존재들보다도 의지의 객관화 단계에서 높은 곳에 위치해 있기 때문에 더욱더 삶에의 의지에 사로잡혀 있다. 맹목적인 삶에의 의지가 자신의 욕구를 충족시키기 위해서 모든 존재를, 심지어 자기 자신도 파괴할 수 있다는 사실은 우리에게 너무나 고통스러운 일이다.

쇼펜하우어에 따르면 맹목적인 삶에의 의지는 우리에게 '모든 것은 고통이다'라는 고백을 하게 한다. 그런데 의지의 욕구는 특정한 대상을 통해서 그 욕구가 채워지면 곧 또다시 생겨나는 자신의 욕구를 충족시키기 위해서 새로운 대상을 찾게 된다. 어떤 순간에도 맹목적인 삶에의 의지는 만족을 얻지 못한다. 맹목적인 삶에의 의지가 지닌 욕망은 마치 탄탈로스의 갈증처럼 영원히 채워지지 않는 것이다. 맹목적인 삶에의 의지는 철저하게 우리의 삶을 사로잡으면서 자신의 욕구를 충족시키려고 한다. 모든 존재는 이러한 삶에의 의지에 사로잡혀 있기 때문에 고통은 끊임없이 우리에게 다가온다. 우리가 충분근거율에 얽매일 때 세계를 표상으로서 파악할 수밖에 없는 것처럼, 맹목적인 삶에의 의지에 얽매이게 되면 우리는 삶을 고통스럽게 살아갈 수밖에 없다. 따라서 모든 존재는 살아가는 동안에 커다란 고통을 겪게 된다. 이러한 쇼펜하우어의 세계관은 염세주의라고 불린다.

우리는 특정한 순간에 닥친 고통이 언젠가는 사라지는 것을 경험한다. 여기에서 우리는 삶의 고통은 견뎌낼 만하다고 생각할 수 있다. 그러나 쇼펜하우어는 우리가 이러한 고통이 어떤 식으로든 또다시 다가온다는 점에 주목해야 한다고 말한다. 비록 우리는 희망의 내일을 기약하면서 지금 이 순간의 고통을 견뎌내지만, 그러한 고통은 끊임없이 우리에게 다가올 뿐이다. 쇼펜하우어에게는 이 세계에서 일어나는 일들 중에서 고통이 아닌 것이 없다. 어쩌면 태어나는 모든 것들의 삶이 바로 고통일지도 모른다. 삶은 고통 그 자체인 것이다. 쇼펜하우어에 따르면 이때 우리에게 요청되는 정언명령은 바로 맹목적인 삶에의 의지에 대한 부정이다.

쇼펜하우어는 고통스러운 세계에서 벗어나기 위해서 필요한 것은 동정심이라고 주장한다. 동정심은 단지 사물에 대한 호의적인 태도를 의미하는 것이 아니라 우리가 세계의 근원과 본질에 대한 성찰을 통해서 얻을 수 있는 상태를 말한다. 동정심은 모든 존재가 맹목적인 삶에의 의지에 의해서 지배받으며, 이러한 의지가 끊임없이 우리를 고통에 빠

트린다는 점을 자각할 때, 개체화의 원리에 의해서 수많은 사물들이 서로 구분되고 다양한 방식으로 존재하지만 실제로 이 모든 것들은 하나의 의지에서 생겨난 것이라는 점을 자각할 때 비로소 우리에게 주어진다. 모든 사람들은 서로 다른 삶의 방식과 목표를 갖고 살아가면서 끊임없는 대립과 갈등을 경험하지만, 사실은 우리 모두가 맹목적인 삶에의 의지의 지배를 받는 존재일 뿐이라는 것이다. 따라서 타인의 존재를 억압하고 고통스럽게 하는 우리 모두가 맹목적인 삶에의 의지의 지배를 받고 있을 뿐이라는 사실을 깨닫는 것이 필요하다. 인간뿐만 아니라 모든 존재들이 동근원성을 갖으며 각자가 맹목적인 삶에의 의지의 희생양이라는 것을 알게 될 때, 우리는 타인에 대한 배려와 깊은 동정심을 갖게 되는 것이다. 그런데 여기에서 흥미로운 점은 동정심은 인간뿐만 아니라 모든 생명체에 대해서 적용되어야 한다는 것이다. 쇼펜하우어는 인간뿐만 아니라 동물들도 맹목적인 삶에의 의지에 지배되면서 고통스러운 삶을 살아가기 때문에 동물들에 대한 동정심이 절대적으로 필요하다고 주장한다. 이런 점에서 동정심은 모든 존재에 대해서 가져야 할 윤리적인 규범이라고 할 수 있다. 동정심은 너와 나를 넘어서 우리를 연결시켜주며 나아가 모든 존재를 이어주는 다리의 역할을 하는 것이다.

쇼펜하우어는 동정심의 올바른 실행은 절대적인 금욕을 통해서 가능하다고 주장한다. 금욕은 단지 세계에 대한 단순한 부정이나 생리적인 욕구만을 중단하는 소극적인 것이 아니라 인간과 세계의 본질에 대한 형이상학적 통찰에서 주어진다. 즉 눈앞에 펼쳐진 세계가 전적으로 의지의 객관화의 결과이고, 그 속의 다양한 존재들은 의지의 드러남에 불과하며, 우리는 맹목적인 삶에의 의지의 지배 속에서 고통스러운 삶을 이어갈 수밖에 없다는 사실을 통찰할 때, 우리는 삶의 의지를 거부하는 전향적인 태도, 즉 금욕적인 삶을 추구할 수 있게 된다는 것이다. 금욕은 세계가 진정으로 올바르게 존재할 수 있게 하기 위한 적극적인 태도 또는 인간과 모든 존재가 가져야 할 근원적인 태도인 것이다. 쇼펜하우어는 이러한 금욕적인 삶이 모든 종교의 궁극적인 목표이며 우리의 삶에게 주어진 본래적인 과제라고 본다.

쇼펜하우어는 금욕을 통해서 우리가 이전에 보았던 세계와 삶의 가치를 완전히 다른 관점에서 해석하기를 요구한다. 그는 전통철학에 대한 극단적인 거부감을 드러내면서 우리가 세계에 대해서 어떤 인식을 갖는지의 문제가 아니라 이러한 세계에서 경험하는 고통을 어떻게 극복할 수 있는가의 문제에 관심을 갖는다. 이런 점에서 그는 전통철학을 단순한 강단철학(Schulphilosophie)이라고 평가절하 하기도 한다. 쇼펜하우어에게 철학은 유한한 우리의 삶이 맹목적인 삶에의 의지에 의해서 이끌려 고통스러운 삶을 살아갈 수밖에 없는 현실에서 벗어나게 해주는 것이다. 모든 철학은 고통스러운 삶으로부터의 해방, 즉 해탈을 추구해야만 한다. 여기에서 쇼펜하우어는 소위 구원의 철학을 전개한다.

쇼펜하우어의 철학은 우리에게 철저한 금욕 속에서 모든 것이 무(Nichts)라는 사실을 깨닫게 한다. 무의 인식이야말로 우리가 추구해야 할 최상의 상태이사 가치이며, 스토아학파가 말하는 아파테이아(apatheia)의 상태와 비교할 수 있을 것이다. 쇼펜하우어가 말하는 무의 상태는 단순히 모든 존재를 부정하는 상태를 의미하는 것이 아니라 모든 사물들 속에 깃들어 있는 맹목적인 삶에의 의지를 제거한 상태를 말한다. 우리는 이러한 무의 상태에서 인과관계에 얽매이지도 않고 맹목적인 삶에의 의지에 이끌려가지 않게 되며, 세계에 존재하는 사물들의 본래적인 모습을 관조하고 우리의 삶의 고귀한 가치와 의미를 회복할 수 있게 된다.

무의 세계 역시 우리의 눈앞에 펼쳐진 세계에서 벗어난 어떤 초월적인 세계를 의미하지 않으며, 오로지 우리가 삶과 세계의 본질에 대한 형이상학적 관조를 통해서 도달할 수 있는 완전히 다른 삶의 세계라고 할 수 있다. 무의 세계는 그야말로 치열한 삶의 본질에 대한 성찰과 근원적인 통찰을 통해서야 비로소 다가오는 세계이며 모든 존재와 당위의 세계를 넘어선 무욕의 세계이자 무의지의 세계인 것이다. 무의 세계에서는 더 이상의 생성도, 더 이상의 소멸도 없으며 모든 존재에게서 갈등과 고통, 근심이 더 이상 존재하지 않는다. 그곳은 충분근거율과 개체화의 원리, 의지의 객관화와 맹목적인 삶에의 의지도 사라져버린 세계이다. 무의 세계로의 진입은 우리의 일상적인 삶의 태도와 학문의 입장을 벗어날 때 비로소 주어진다. 이러한 무의 세계에서 적극적으로 삶을 살아가는 것이 쇼펜하우어에게 진정한 삶의 의미이자 궁극적인 철학의 목표인 것이다.

1
쇼펜하우어의 생애

1. 한 인간으로서의 쇼펜하우어

아르투르 쇼펜하우어(Arthur Schopenhauer)는 1788년 프러시아제국
에 속해 있던 단치히에서 태어났다. 단치히는 현재 폴란드 북부의 항구
도시이며 그단스크라고 불린다. 단치히는 12세기 이래 독일의 상인들
이 이주하여 살기 시작했으며, 14세기에는 한자동맹에 가입하여 매우
중요한 항구도시의 역할을 하다가 1793년에는 프로이센에 편입된다.
쇼펜하우어의 아버지인 하인리히(Heinrich Floris Schopenhauer)는 이
곳에서 부유한 상인이었으며, 그의 어머니인 요한나(Johanna Scho-
penhauer)는 소설가이자 여행작가였다.

1793년에 쇼펜하우어의 아버지는 가족과 함께 함부르크로 이주한다.
함부르크 또한 단치히와 마찬가지로 교역이 활발한 항구도시였기 때문
에, 이곳은 상인이었던 쇼펜하우어의 아버지가 활동하기 좋은 곳이었
다. 4년 뒤인 1797년에는 쇼펜하우어의 여동생 아델레(Adele Schopen-
hauer)가 태어나고, 1797년에서 1799년 사이에 쇼펜하우어는 프랑스로
가서 한 가정집에 약 2년여간 머무르면서 다양한 문화를 경험한 후에,

다시 함부르크로 돌아와서 사립학교인 룽게(Runge)에 입학한다. 그러다가 그는 1800년에 부모와 함께 함부르크에서 프라하까지 세 달간의 여행을 한 뒤, 1803년부터 1804년까지 또다시 부모와 함께 네덜란드, 영국, 프랑스, 스위스, 오스트리아, 프로이센을 여행한다.

쇼펜하우어의 삶은 어린 시절의 여행에서 많은 영향을 받았던 것 같다. 쇼펜하우어는 어린 나이였지만 여러 나라를 여행하면서 그 어떤 철학자들이 경험한 것보다도 풍부하게 다양한 삶의 현상들을 체험했고, 이것이 그로 하여금 인간의 삶과 세계에 대해 성찰할 수 있는 많은 계기들을 부여했을 것이다. 어렸을 적의 강렬한 경험이 그 이후의 삶에 큰 영향을 준다는 점을 인정한다면 그의 경우도 충분히 예상할 수 있다. 그가 겪은 어린 시절의 생생한 경험들은 평생 쾨니히스베르크에서 벗어나지 않았던 칸트의 삶과는 완전히 다른 것이라고 할 수 있다.

쇼펜하우어는 어린 시절 아버지의 영향을 많이 받았는데, 쇼펜하우어가 장기간의 여행을 끝내고 함부르크로 다시 돌아와 아버지를 따라 상인이 되기 위한 공부를 시작하는 것에서도 드러난다. 하지만 아버지에 대한 어머니의 냉정한 태도는 그에게 어머니에 대한 반감을 갖게 하기에 충분했다. 여행에서 돌아온 후 그의 아버지는 건강이 악화되어 간병이 필요했으나 어머니의 소극적인 관심으로 고독하게 살아가야만 했다. 어머니의 활달하고 사교적인 성격은 어린 쇼펜하우어의 눈에 아버지에 대한 무관심으로 비춰졌다. 쇼펜하우어의 아버지는 1805년 4월 20일 집의 창고 뒤에 있는 운하에서 죽은 채로 발견되는데, 자살로 추정된다. 이 사건을 계기로 그는 어머니와 거리감을 둔다. 그는 어머니의 무관심이 아버지를 죽음에 이르게 했다고 생각했기 때문이다.[1] 특히

---

1 Rüdiger Safranski, *Schopenhauer und Die wilden Jahre der Philosophie*,

이들의 관계는 그의 어머니가 1806년에 바이마르에서 문학살롱을 열게 되면서 더욱 멀어졌다. 1814년에 드레스덴에 머무르면서 이들은 심각한 불화를 겪다가 결국 이들의 관계는 파국에 이른다.

쇼펜하우어는 아버지의 사망 이후에 부유했던 아버지의 유산을 물려받아 경제적으로 어려움을 당하지 않고 살아갈 수 있게 된다. 이것은 그에게 금전적인 문제에 얽매이지 않고 독자적으로 학문탐구를 할 수 있는 길을 제공하게 된다. 이 점은 그가 생계에 의존하지 않고 독자적인 철학자로서의 길을 걷는 데 중요한 요소가 된다. 금전적으로 얽매인 삶 속에서 지속적으로 독자적인 철학사상을 탐구하기란 결코 쉽지 않은 일이기 때문이다. 경제적으로 부유함이 반드시 철학자로 하여금 독창적인 철학의 구축을 보증하는 것을 아니지만, 일상에 너무 얽매인 삶도 철학을 위해서는 도움이 되지 않는 것이 사실이다.

쇼펜하우어는 어머니를 통해서 여성에 대한 부정적 편견을 갖게 되었지만 여성에 대한 사랑은 간직하려고 하였다. 그는 1809년 바이마르의 비극배우이자 성악가였던, 11살 연상의 카롤리네 야게만(Caroline Jagemann, 1777-1848)을 사랑하여 한때 이 여자에게 연애편지를 보내기도 했다.[2] 1820년경에는 베를린에서, 메돈(Medon)이라고도 불렸으며 연극배우이자 합창단 가수였던 카롤리네 리히터(Caroline Richter)와 사랑에 빠진다. 그는 이 여자와 결혼할 생각까지 했으나, 그가 1822년 이탈리아로 두 번째 여행을 가면서 그녀는 쇼펜하우어를 떠나게 된다. 이 여자는 그가 여행하는 동안 다른 남자와의 사이에서 남자아이를 출산하는데, 그럼에도 불구하고 그녀에 대한 쇼펜하우어의 감정은 한

München/Wien, 2010, 89쪽.

2   야게만은 나중에 아들과 함께 드레스덴으로 이주하여 거기에서 생을 마감한다.

동안 계속되었다. 그는 아이를 남겨두고 그녀와 함께 프랑크푸르트로 이주하고자 하였으나 여자의 반대로 뜻을 이루지 못한다. 그는 1836년에 그의 친구인 안티메(Anthime)에게 이 여자를 아주 사랑했으며 이 여자 때문에 고민을 많이 했다고 말하기도 한다.

쇼펜하우어는 베를린에 머물렀을 때 하녀를 다치게 하여 소송에 휘말리게 되는데, 법원은 그로 하여금 하녀에게 평생연금을 지급하라는 판결을 내리기도 한다. 1831년 그는 콜레라를 피해서 베를린을 떠나고 1832년에서 1833년 사이에 만하임에서 거주하다가 1833년 프랑크푸르트에 정착한다. 이곳에서 그의 딸이 태어나는데, 이 딸아이도 얼마 살지 못하고 죽게 된다. 이후 쇼펜하우어는 오랜 방랑생활을 접고 죽을 때까지 약 28년 동안 이곳 프랑크푸르트에서 그의 여생을 보낸다. 1838년에는 그의 어머니가 사망하고, 1849년에는 그의 여동생이 사망한다. 쇼펜하우어는 1860년 9월 21일 73세의 나이로 자신의 삶의 마감한다.

2. 쇼펜하우어의 삶과 학문

쇼펜하우어는 아버지의 죽음을 경험한 후 상인교육을 중단하고, 1807년부터 1809년까지 고타(Gotha)와 바이마르에서 일반학교에 다닌다. 1809년에 그는 괴팅겐대학에 입학하는데 그의 학문적인 삶은 이때부터 시작된다. 그는 1809년 10월부터 1811년 가을에 베를린대학으로 옮기기 전까지 괴팅겐대학에서 자연과학과 철학을 공부한다. 처음에 쇼펜하우어의 관심은 의학에 있었지만, 곧 그는 철학에 관심을 둔다. 그는, 헬름스테트(Helmstedt)대학에서 20여 년 동안 있다가 1810년 괴팅겐대학으로 온 슐체의 심리학과 형이상학 강의를 듣는다. 슐체의 철학은 회의주의적이었고 칸트의 철학에 대해 비판적인 태도를 취했는데, 특

히 칸트가 인과율의 범주를 물자체에 적용하는 것을 비판했다.[3]

쇼펜하우어는 슐체의 강의를 통해서 플라톤과 칸트의 철학에 깊은 관심을 갖는다. 슐체는 1810년 가을학기에 플라톤의 『국가』를 강의하는데, 여기에서 플라톤의 이데아설은 젊은 그에게 강렬한 인상을 주게 된다. 플라톤의 철학에 따르면 오로지 이데아만이 영원하고 불변한 것인데 반해, 이데아의 모사물에 불과한 경험세계의 사물들은 유한하며 끊임없이 변화할 뿐이다. 카마타에 의하면 이러한 이데아설은 나중에 그의 『의지와 표상으로서의 세계』(Die Welt als Wille und Vorstellung)에서 중요한 역할을 한다.[4]

쇼펜하우어는 칸트의 철학에 대해서 비판적이었던 슐체의 영향에 의해서 칸트에 대해서는 거리를 둔다. 물론 그가 『의지와 표상으로서의 세계』에서 직접 강조하듯이 칸트의 철학이 자신의 철학에 많은 영향을 끼친 것이 사실이지만, 플라톤적인 이데아를 단지 선험적 이념과 같은 것으로 환원하는 칸트의 작업은 전적으로 수용하기 어려운 것이었다.

쇼펜하우어는 이 시기 셸링의 철학에도 영향을 받는다. 유한한 인간이 관조를 통해서 자신의 유한성을 넘어서서 무한한 존재에로 나아가

---

3 슐체는 칸트철학의 연장선상에 서 있던 라인홀트(Kar Leonhard Reinhold, 1757–1823)의 철학도 비판한다. 슐체의 철학은 또한 칸트의 철학을 비판했던 야코비(Friedrich Heinrich Jacobi, 1743–1819)에게도 영향을 준다. 칸트의 철학에 대한 슐체의 비판적인 태도는 이후에 독일관념론의 전개에 많은 영향을 준다. 슐체의 저작으로는 『철학적 학문의 토대』(Grundriß der philosophischen Wissenschaften, 1788), 『이론철학의 비판』(Kritik der theoretischen Philosophie, 1801), 『물리적 인간학』(Psychische Anthropologie, 1816), 『인간의 인식에 대하여』(Über die menschliche Erkenntnis, 1832) 등이 있다.

4 Yasuo Kamata, *Der junge Schopenhauer*, Freiburg/München, 1988, 115쪽. 카마타에 따르면 이 시기에 쇼펜하우어는 셸링의 철학에 영향을 받기도 한다. 같은 책, 116쪽 참고.

려는 셸링의 생각은 젊은 쇼펜하우어의 마음을 사로잡았다. 우리는 일
상적인 삶 속에서 자연 속의 사물들이 서로 구분되고 차별적으로 존재
한다고 생각하지만, 셸링은 이러한 일상적인 태도에서 벗어나서 지적
직관(intellektuelle Anschauung) 속에서 사물들 사이의 모든 차별적인
요소가 지양되는 절대적 동일성의 상태에 도달할 수 있다고 보았다.

쇼펜하우어는 1811년에 전공을 의학에서 철학으로 바꾸면서 괴팅겐
대학을 떠나 베를린대학으로 옮긴다. 그는 베를린대학에서 칸트의 철
학을 연구하면서 피히테와 슐라이어마허, 볼프의 강의를 듣는다. 피히
테의 철학에 대한 그의 관심은 괴팅겐대학에서부터 시작되었지만[5] 그
관심은 얼마 지나지 않아서 사라진다. 왜냐하면 그는 피히테의 철학이
개념적 사유에 매여 있다고 생각했기 때문이다.

쇼펜하우어는 이 시기에 개념적 사유를 넘어서는 인간의 능력에 관
심을 갖는데, 이것은 셸링의 지적 직관에 영향받은 것이다. 그는 이러
한 능력을 나중에 '더 나은 의식'(das bessere Bewußtsein)이라고 부른
다.[6] 더 나은 의식은 주관과 객관의 구분에 근거하는 경험적 의식과 구
분되는 것인데, 이것은 일종의 무제약적 의식이라고 할 수 있다. 그에
따르면 이러한 의식 속에서 우리는 더 이상 주관과 객관의 인과적인 연
결고리에 사로잡히지 않으며, 더 이상 개별적인 존재들의 관계에 관심
을 두지 않는다.

---

5 자프란스키에 따르면 1811년 가을에 쇼펜하우어는 피히테의 강연인 "의식의 사태
들"(Tatsachen des Bewusstseins)을 듣는다. Rüdiger Safranski, *Schopenhauer und
Die wilden Jahre der Philosophie*, München/Wien, 2010, 213쪽 참고. 1812년 여름에
는 "지식학"(Wissenschaftslehre)을 듣기도 한다.

6 카마타에 따르면 더 나은 의식은 이 시기에 형이상학적-종교적 측면에서 언급된
다. 카마타는 쇼펜하우어가 이러한 더 나은 의식에게 이후에 다른 의미를 부여한다고
말한다. 그의 책, 121쪽

1813년 3월 28일 나폴레옹과의 전쟁이 발발하자 쇼펜하우어는 베를린을 떠나고, 잠깐 동안 바이마르에 체류하다 루돌스타트(Rudolstadt)로 간다. 그는 이곳에서 같은 해 7월에서 11월 사이에 그의 박사학위 논문인 「충분근거율의 네 가지 뿌리에 관하여」(Über die vierfache Wurzel des Satzes vom zureichenden Grunde)를 작성한다. 이 논문은 그가 1811년부터 관심을 가져왔던 칸트연구가 동기가 되었던 것으로, 그는 이 논문에서 인식과 존재 그리고 행위의 근거를 제공하는 충분근거율을 네 가지 측면, 즉 인식, 생성, 존재, 행위의 측면에서 상세하게 논의한다. 이 논의는 칸트가 근거와 원인의 개념을 명확하게 분석하지 않는 것에 대한 비판에서 시작된 것이라고 볼 수도 있다. 이것은 나중에 출간되는 『의지와 표상으로서의 세계』의 기본적인 토대를 제공하는 역할을 한다. 또한 우리는 이 논문에서 쇼펜하우어철학의 중심개념인 의지와 표상의 구분이 소박하게 제시되는 것을 확인할 수 있다.

쇼펜하우어는 1813년 겨울에 괴테와 만나 '색채론'에 대해서 논의하기도 한다. 그는 괴테와의 만남에 많은 의미를 두는데, 그것은 그가 자신의 박사학위 논문을 괴테에게 헌정했다는 사실에서도 잘 드러난다.

이후에 쇼펜하우어는 다시 드레스덴으로 이주하여 1814에서부터 1818년 사이에 거주하고, 이곳에서 고독과 은둔의 시간을 보내며 자신의 독창직인 칠학적 사유를 전개한다. 그는 이 시기에 칸트뿐만 아니라 피히테, 셸링, 헤겔의 철학이 지닌 문제점들을 숙고하면서 자신의 철학적인 문제의식을 고양한다.

그러다가 쇼펜하우어는 고대 인도사상을 접하고 이 사상이 자신의 철학적 성향과 연결된다는 것을 발견한다. 당대의 철학자들 중에서 고대 인도사상에 관심을 가진 사람들은 드물었지만, 헤르더(Johann Gottfried Herder, 1744-1803)는 예외적으로 고대 인도사상에 대한 긍정적인 태도를 취한다. 1801년 프랑스인이었던 안퀴틸(Anquetil)이 힌두교의 사상을 『우프네카트』(Oupnekhat)라는 제목으로 출판하는데, 이것은 우파니샤드의 사상을 유럽에게 전하는 것이었다. 자프란스키에 의하면 쇼펜하우어는 바이마르에서 어머니가 이끌던 문학살롱에서 만난 인도학 연구자인 마이어(Friedrich Majer, 1772-1818)에 의해서 이 책을 알게 되었다고 한다.[7] 이 시기부터 그는 고대 인도사상에 많은 관심을 갖는데, 우파니샤드의 사상은 나중에 그의 주저에서도 언급된다. 그가 『의지와 표상으로서의 세계』에서 전개하는 철학적인 입장은 우파니샤드철학과의 깊은 연관성을 드러낸다고 할 수 있다.

1815년부터 쇼펜하우어는 그의 주저인 『의지와 표상으로서의 세계』를 계획하고, 약 3년 후인 1818년 3월 이 책을 완성한다. 그리고 그는 1819년 초에 브로크하우스(Brockhaus)에서 『의지와 표상으로서의 세계』를 출판하지만, 기대했던 것과는 달리 당시의 사람들로부터 별다른 호응을 얻지 못한다.

쇼펜하우어는 『의지와 표상으로서의 세계』를 출간한 후에 대학에서 강의를 할 생각을 갖는다. 그러던 중에 1820년 1월에 베를린대학으로부터 강의 허가를 받게 되어, 3월에 그는 "원인의 네 가지 다양한 종류에 관하여"(Über die vier verschiedenen Arten der Ursachen)라는 제목으로 시험강연을 한 뒤, 여름학기에 "전체철학, 즉 세계와 인간정신의 본질에 관하여"(Über die gesamte Philosophie oder die Lehre vom Wesen der Welt und vom menschlichen Geiste)라는 제목으로 강의를 진행한다. "전체철학, 즉 세계와 인간정신의 본질에 관하여"는 본래 네

---

7 Rüdiger Safranski, *Schopenhauer und Die wilden Jahre der Philosophie*, München/Wien 2010, 302쪽. 마이어는 헤르더의 제자이기도 하다.

부분으로 구성되는데, 그의 주저인『의지와 표상으로서의 세계』를 토대
로 자신의 생각들을 추가하여 보완한 것이다. 이 강연의 첫째 부분은
'표상함, 사유함과 인식함 전체의 이론'(Theorie des gesammten Vor-
stellens, Denkens und Erkennens)[8], 둘째 부분은 '자연의 형이상학'
(Metaphysik der Natur), 셋째 부분은 '미의 형이상학'(Metaphysik
des Schönen), '도덕의 형이상학'(Metaphysik der Sitten)으로 구성된
다. 그는 매주마다 6번씩 오후 4시에서 5시까지 강의를 하게 되는데, 공
교롭게도 이 시간은 헤겔이 강의하는 "논리학과 형이상학"(Logik und
Metaphysik) 시간과 같았다. 이것은 그에게 삶의 비애를 가져다주는 사
건이 된다. 왜냐하면 자신의 철학에 대한 확신에도 불구하고 학생들은
당대의 유명한 철학자인 헤겔의 강의에만 관심을 가졌기 때문이다. 물
론 쇼펜하우어 자신도 헤겔과 같은 시간대에 강의를 개설하는 것이 가
져올 결과를 예측할 수 있었을 것이다. 그러나 사변철학에 대한 쇼펜하
우어의 비판적인 태도와 자신의 새로운 철학에 대한 신념 속에서 그는
헤겔과 대결을 피하지 않았던 것이다.

　1833년에 쇼펜하우어는 프랑크푸르트에 머물면서 1835년에서 1836
년 사이에『자연의 의지에 대하여』(Über den Willen in der Natur)를
출간한다. 이 책에서 그는『의지와 표상으로서의 세계』에서 전개된 내
용들을 다양한 자연과학적 관점에서 확인하며, 특히 세계의 본질이 의
지라는 주장을 자연에 존재하는 사물들에게 적용한다.

　1839년에 쇼펜하우어는 노르웨이학술원의 논문공모에「인간의지의
자유에 대하여」(Über die Freiheit des menschlichen Willens)라는 제

8　신체현상과 의지현상의 동근원성을 강조하는 쇼펜하우어의 주장이 가져오는 흥미
로운 점은 인식능력인 지성의 작용을 의지의 작용과 연결시키는 것이다. 즉 그에게 지
성의 작용이라는 것은 의지의 작용을 드러내는 신체, 즉 두뇌의 작용과 다름없다.

목의 논문을 응모하여 당선되고, 그 다음 해인 1840년에는 덴마크학술
원의 현상논문에 「도덕의 토대에 대하여」(Über das Fundament der
Moral)라는 제목의 논문을 응모했으나 당선되지 않는다. 이 두 개의 논
문은 이듬해인 1841년에 『윤리학의 두 가지 근본문제들』(Die beiden
Grundprobleme der Ethik)이라는 제목으로 간행된다. 이 책에서는 인
간의 행동을 의지가 지배한다는 기본적인 입장에서 자유로운 도덕적
행위가 가능한지에 대해서 논의하고, 윤리학의 토대는 동정심에서 생
겨난다는 주장을 제시한다.

　1844년에 쇼펜하우어는 『의지와 표상으로서의 세계』의 2권을 출판
한다. 이 책에서는 1권의 내용을 기본적인 바탕으로 날카로운 철학적
인 쟁점들을 추가로 제시한다. 1권이 그의 사상을 전체적이고 체계적으
로 제시한다면, 2권은 그 내용들을 아주 치밀하고 논쟁적으로 그리고
이전 철학자들과 차이점을 부각하면서 논의를 전개한다. 이 저서는 1권
의 주장을 좀 더 체계적으로 이해하기 위한 필수적인 저서라고 할 수
있을 것이다. 특히 2권에서의 각각의 제목들은 1권에 비해 매우 상세하
게 제시되며, 전체적인 분량도 1권보다 많이 늘어났다.

　쇼펜하우어는 말년에 자신의 철학에 대한 사람들의 관심을 경험하기
시작한다. 이 시기에 프라우엔슈테트(Julius Frauenstaedt)를 비롯하여
많은 사람들이 서서히 그의 독창적인 사상에 관심을 드러내기 때문이
다. 그는 이즈음에 삶과 세계 전체에 대한 자신의 독창적인 생각들을
드러내는 저작을 준비하는데, 그것은 다양한 철학적 주제에 대한 자신
의 단편적인 글들을 모은 것으로, 1851년에 출간한 『부록과 보충』이라
는 제목의 두 권짜리 책이다. 또한 1857년에는 라이프치히대학에서 쇼
펜하우어의 철학에 대한 현상논문이 공모되기도 했으며, 같은 해 본대
학과 브레슬라우대학에서 쇼펜하우어에 대한 강의가 개최되기도 했다.

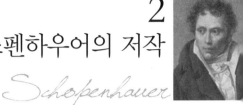

2
쇼펜하우어의 저작

1. 충분근거율의 네 가지 뿌리에 대하여

「충분근거율의 네 가지 뿌리에 대하여」는 쇼펜하우어의 박사학위 논문
이다. 쇼펜하우어는 이 논문으로 예나대학에서 박사학위를 받는다. 그
는 베를린대학에서 강의를 듣다가 바이마르를 거쳐 루돌스타트에 머무
르는데, 그는 이곳에서 자신의 박사학위 논문작업에 집중한다. 쇼펜하
우어는 이 논문에서 괴팅겐대학 시절부터 베를린대학 시절에 이르기까
지 관심을 갖고 연구했던 주제들과 이에 대한 자신의 생각들을 정리하
여 제시한다. 즉 그는 1809년 철학연구를 시작한 지 약 4년여 동안 가졌
던 자신의 생각들을 이 박사학위 논문으로 요약하여 드러낸 것이다. 이
박사학위 논문은 그의 학문적인 역량을 드러내줄 뿐만 아니라 그의 독
차적인 사상의 토대를 드러내는 역할을 한다. 이 것은 그의 주저인 『의
지와 표상으로서의 세계』에서 이 논문의 중요성을 강조한다는 사실에서
잘 드러난다. 쇼펜하우어는 자신의 주장을 올바르게 이해하기 위해서는
플라톤의 철학과 칸트의 철학 그리고 우파니샤드철학이 필요하다고 주
장하면서 곳곳에서 이 논문에 대한 지식을 전제한다. 이 논문은 본래

1813년에 쓰였으며 그로부터 34년 후인 1847년 내용을 좀 더 추가하여 재출간된다.

「충분근거율의 네 가지 뿌리에 대하여」는 1장 '들어가는 말'을 포함하여 모두 8개의 장으로 구성된다. 2장부터 그 내용을 살펴보면, 2장에서는 전통철학에서 충분근거율에 대해서 논의한 것들 중에서 중요한 주장들을 정리하고, 3장에서는 충분근거율의 문제점들을 지적하면서 추가되는 새로운 점들에 대해서 설명한다. 4장부터 7장까지는 각 장마다 충분근거율에 대한 자신의 독창적인 주장들을 제시하는데, 그것은 그가 대상들에 관계하는 방식, 즉 주관으로서 객관을 경험하는 방식을 네 가지로 구분하는 것에서 비롯된다. 4장부터 7장까지의 제목을 살펴보면, 4장의 제목은 '주관에 대한 객관의 첫 번째 부류와 이러한 첫 번째 부류에서 주도적인 충분근거율의 형태에 대하여'이고, 5장의 제목은 '주관에 대한 객관의 두 번째 부류와 이러한 두 번째 부류에서 주도적인 충분근거율의 형태에 대하여'이다. 6장의 제목은 '주관에 대한 객관의 세 번째 부류와 이러한 세 번째 부류에서 주도적인 충분근거율의 형태에 대하여'이고, 7장의 제목은 '주관에 대한 객관의 네 번째 부류와 이러한 네 번째 부류에서 주도적인 충분근거율의 형태에 대하여'이다. 8장에서는 앞에서 언급한 내용들을 요약한다.

쇼펜하우어는 「충분근거율의 네 가지 뿌리에 대하여」에서 인간이 사물들과 관계하는 다양한 방식들에 대해서 논의한다. 밤하늘의 별들이 빛나는 것, 아침에 태양이 떠오르고 저녁에 태양이 지는 것, 사람이 태어나서 성장하고 늙어가다가 언젠가는 죽는 것, 계절이 때가 되면 바뀌는 것, 물이 증발해서 수증기가 되고 온도가 낮아지면 얼음으로 변하는 것, 사람이 배가 고프면 음식을 먹으려고 하는 것, 사람들이 서로 다투는 것, 불쌍한 사람을 도와주려고 하는 것, 특정한 사건이 존재하는 것에는 특정한 이유가 있다는 것 등. 우리는 이러한 수많은 현상들을 일정한 형태 속에서 경험한다. 쇼펜하우어는 이러한 일정한 경험의 형태를, 즉 우리가 사물들의 다양한 현상과 관계하는 형태를 네 가지의 방식으로 정리하는데, 이것이 바로 충분근거율이다. 이러한 네 가지 방식은 각각 존재, 생성, 인식, 행위와 관계하며, 쇼펜하우어는 이것을 각각 존재의 근거율, 생성의 근거율, 인식의 근거율, 행위의 근거율이라고 부른다.

쇼펜하우어는 「충분근거율의 네 가지 뿌리에 대하여」에서 모든 사물과 현상들, 즉 표상들이 독립적으로 존재하는 것이 아니라 서로 긴밀하게 연결된다는 것을 강조한다. 수많은 사물들의 생성과 변화를 충분근거율에 의해서 설명할 수 있다는 것이다. 충분근거율이 제공하는 이러한 표상들의 연결고리는 우리로 하여금 세계에서 일어나는 모든 현상들을 설명하고 이해할 수 있게 해준다. 여기에서 쇼펜하우어는 충분근거율이 원래 사물들과 현상들에 내재된 것이 아니라 우리에게 선험적으로 주어진 점을 강조한다. 마치 칸트가 우리에게 인식의 선험적 형식이 부여되어 있다고 주장하는 것처럼, 충분근거율은 우리가 사물들을 경험할 수 있도록 우리의 정신(Intellekt), 즉 직관(Sinnlichkeit), 오성(Verstand), 이성이라는 우리의 인식능력 또는 표상능력(Vorstellungs-vermögen) 속에 자리 잡고 있는 공통적인 원리인 것이다.

충분근거율은 주관의 대상이 되는 모든 것들을 네 가지로 구분하여 그것들에 대한 주관의 관계를 설명해주는 원리로, 충분근거율은 사물들의 다양한 현상을 설명해주지만 그것이 우리의 정신 속에 있다는 점에서 사물 자체에 대한 우리의 관계를 설명해주는 것은 아니다. 왜냐하면 충분근거율에 의해서 설명되는 세계는 사물 자체가 아니라 주관인 우리의 입장에서 바라본 세계, 즉 표상으로서의 세계일 뿐이기 때문이다.[1] 즉 표상세계는 충분근거율에 의해서 주어진 세계일 뿐이다.

　쇼펜하우어는 「충분근거율의 네 가지 뿌리에 대하여」에서 근거와 원인 또한 이와 함께 근거와 근거된 것, 제약과 제약된 것도 서로 명확하게 구분되어야 한다는 점을 강조한다. 그에 따르면 칸트조차도 물자체를 현상의 근거라고 말하면서 이러한 구분을 언급하지 않았다고 비판한다. 쇼펜하우어는 이러한 구분을 통해 우리가 경험하는 세계를 명확하게 설명하기 위한 근본적인 토대를 제시한다.

2. 의지와 표상으로서의 세계

쇼펜하우어의 대표적인 저서인 『의지와 표상으로서의 세계』는 독일관념론이 지배적이었던 19세기에 독창적인 사유로 새로운 철학의 토대를 제공하는 데 중요한 영향력을 끼친 저서 중의 하나이다. 사실 쇼펜하우어의 모든 사상이 이 책에서 포괄적으로 논의된다고 해도 과언이 아니다. 앞서 언급한 「충분근거율의 네 가지 뿌리에 대하여」의 내용뿐만 아니라 이후에 쇼펜하우어가 제시하는 사상의 기본적인 뿌리들이 놓인 저서가 바로 『의지와 표상으로서의 세계』인 것이다.

　『의지와 표상으로서의 세계』는 쇼펜하우어가 1819년에 발표한 저서로, 그는 1813년 「충분근거율의 네 가지 뿌리에 대하여」의 발표 이후에 전개된 자신의 사상적인 결과물들을 이 책을 통해 제시한다. 쇼펜하우어는 이 책에서 한 철학자로서 세계의 본질과 삶의 진정한 가치에 대한

1　쇼펜하우어는 이런 점에서 자신의 입장이 유명론에 가깝다고 생각한다. Arthur Schopenhauer, *Über die vierfache Wurzel des Satzes vom zureichenden Grunde* (Zürcher Ausgabe. Werke in zehn Bänden), Bd.5, Zürich, 1977, 177쪽 참고(이하 ZSA5로 표기).

성찰을 전개하고 한 인간으로서 의미 있는 삶의 방식에 대한 다양한 성찰들을 그려나간다. 쇼펜하우어는 이 책의 두 번째 판을 1844년에 출판하고, 같은 해에 이미 출간된 1권을 개정하여 출간한다. 1859년에는 1권의 개정판을 다시 고쳐서 2권을 1권과 같은 제목으로 출간하지만 1권의 방식과는 다르게 자신의 철학적인 문제의식을 상세하고 논점에 충실하게 드러낸다. 1권에서 자신의 사상에 대한 기본적인 골격을 비교적 일관되고 간결한 문체로 그려나간다면, 2권에서는 1권에서 다룬 내용에 대한 자신의 논쟁적이고 보충적인 입장들을 좀 더 체계적인 방식으로 드러낸다. 즉 1권에서 쇼펜하우어의 철학을 전체적인 관점에서 이해하기 쉽게 설명하고 있다면, 2권에서는 쇼펜하우어가 갖고 있는 철학적인 문제의식을 날카롭게 기술하고 있는 것이다. 이런 점에서 1권과 2권의 내용은 둘 다 쇼펜하우어의 철학을 이해하기 위해서 필수적으로 경험해야 할 저서들이라고 할 수 있다.[2]

　『의지와 표상으로서의 세계』 1권은 모두 네 부분으로 구성되며, 칸트의 철학에 대한 비판적인 해석을 부록으로 제시한다. 이 책의 네 부분은 각각 인식론, 존재론, 예술론, 형이상학으로, 이것은 쇼펜하우어가 『의지와 표상으로서의 세계』를 통해 철학의 중요한 주제들을 포괄적으로 논의하고 있다는 점을 말해준다. 앞서 언급했던 「충분근거율의 네 가지 뿌리에 대하여」가 주로 인식론의 문제를 나룬다고 한다면 『의지와 표상으로서의 세계』에서는 철학 전체의 문제를 다루는 것이다.[3] 쇼펜하

2　슈피어링은 『의지와 표상으로서의 세계』 1권보다는 2권의 내용이 더 복잡하고, 쇼펜하우어의 철학의 중요한 주장들이 제시된다고 생각한다. Volker Spierling, *Arthur Schopenhauer zur Einführung*, Hamburg, 2002, 41쪽 참고.
3　쇼펜하우어는 「충분근거율의 네 가지 뿌리에 대하여」에서 존재의 근거율, 인식의 근거율, 생성의 근거율과 함께 행위의 근거율을 언급하는데, 이 점에서 그가 이곳에서 인식의 문제뿐만 아니라 윤리학의 문제를 다룬다고 볼 수도 있다.

우어는 이 책의 네 부분에서 개별적인 주제들에 대한 논의를 전개하는
데, 여기에서 우리가 간과해서 안 되는 것은 이 네 부분이 서로 분리된
것이 아니라 전체적으로 긴밀하게 연결되었다는 점이다. 마치 한 건물
의 정면과 측면, 아래층과 위층, 건물의 외부와 내부가 서로 긴밀하게
연결되어 있듯이 저서의 각 부분이 유기적인 전체를 형성하고 있는 것
을 의미한다. 쇼펜하우어는 자신의 사상이 지닌 내적인 연결고리를 올
바르게 이해하기 위해서는 이 저서를 두 번 읽을 것을 부탁한다.

『의지와 표상으로서의 세계』의 첫 번째 부분에서는 표상으로서의 세
계에 대한 첫 번째 고찰을 다룬다. 쇼펜하우어는 표상세계가 충분근거
율에 의해 제약되고, 표상은 바로 경험의 대상이 되며, 나아가서 학문
의 영역을 구축한다고 설명한다. 또한 여기에서 충분근거율에 의해서
표상세계가 어떻게 인식되는지를 논의하며, 이러한 표상세계가 지닌
인식론적인 특징들에 대해서 기술한다.

『의지와 표상으로서의 세계』의 두 번째 부분에서는 의지로서의 세계
에 대한 첫 번째 고찰을 다룬다. 쇼펜하우어는 자연 속에서 다양하게
존재하는 모든 것들이 실제로 하나의 궁극적인 존재, 즉 의지의 드러남
이라는 사실을 설명한다. 인간을 포함한 다양한 생명체, 무기물, 심지
어는 다양한 화학반응과 자연현상들도 의지의 드러남이라는 것이다.
의지의 측면에서 언급하자면 세계에 존재하는 모든 것들은 바로 '의지
의 객관화'(Objektivation des Willens)이다.

『의지와 표상으로서의 세계』의 세 번째 부분에서는 표상으로서의 세
계에 대한 두 번째 고찰을 다룬다. 여기에서는 표상세계를 충분근거율
에 의존하지 않는 방식으로 고찰한다. 쇼펜하우어는 충분근거율에 의
존하지 않는 표상들을 이념(Idee)이라고 부른다. 이러한 이념은 개별적
인 사물들이 지닌 개체성을 넘어선다는 점에서 플라톤의 이데아와 유

사성을 갖는다고 할 수 있다. 이념은 표상이나 의지와는 다른 것으로, 쇼펜하우어에 따르면 이념세계는 충분근거율에 전적으로 의존하는 표상세계를 넘어선, 또한 맹목적인 의지의 지배에서 벗어난 세계인 것이다. 이러한 이념의 조망은 진정한 문학과 예술의 대상이 된다. 쇼펜하우어는 이념의 존재를 언급하면서 문학과 예술의 본질과 역할에 대한 철학적인 성찰을 우리에게 제시한다.[4]

『의지와 표상으로서의 세계』 네 번째 부분에서는 의지로서의 세계에 대한 두 번째 고찰을 다룬다. 여기에서는 의지의 맹목적인 본성과 이 때문에 생겨나는 삶의 고통에 대해서 논의한다. 모든 존재는 실제로 삶에의 의지에 사로잡혀 있으며, 이러한 삶에의 의지가 존재하는 모든 것들을 대립과 갈등 속에 내던진다. 삶에의 의지는 맹목적이며, 그 어떤 존재도 예외 없이 이러한 의지에 사로잡혀 있다고 쇼펜하우어는 주장한다. 여기에서 쇼펜하우어는 '모든 것은 고통이다' 라는 실존적인 고백을 드러낸다. 이러한 고백은 우리에게 삶에의 의지로부터 벗어나는 길을 모색하게 한다. 그는 여기에서 삶에의 의지를 긍정할 때와 부정할 때 생겨나는 두 가지의 상반되는 존재의 상태를 그려나간다.

『의지와 표상으로서의 세계』의 부록에서는 방대한 분량으로 칸트의 철학에 대한 비판적인 해석을 제시한다. 칸트의 철학은 쇼펜하우어가 강조하듯이 이 책에서 전개되는 자신의 사싱을 이혜하기 위해서 중요한 것이다. 플라톤의 철학 그리고 우파니샤드철학과 함께 칸트의 철학은 쇼펜하우어의 철학의 토대를 제공하기 때문이다. 그러나 쇼펜하우어는 여기에서 자신의 철학의 독창성을 드러내기 위해서 칸트철학을

---

4   쇼펜하우어는 여기에서 특히 비극과 음악의 적극적인 역할을 언급한다. 비극과 음악은 충분근거율에 사로잡혀 있는 상태로부터 우리를 벗어나게 해주는 역할을 한다.

비판한다. 특히 그는 칸트의『순수이성비판』에 대한 비판적 해석을 전
개하면서 칸트의 철학과 자신의 철학이 서로 다르다는 것을 드러내는
데, 칸트의 철학이 지닌 특성을 추상적 인식 또는 개념적 인식이라고
평가하면서 직관적 인식의 중요성을 강조한다. 쇼펜하우어에 따르면
비록 칸트는 현상과 물자체를 구분하면서 전통철학과는 다른 길을 걷
지만 인식에서 직관과 오성의 관계를 명확하게 설명하지 못하면서 애
매한 인식론을 전개한다. 특히 오성에 대한 직관의 탁월한 역할을 간과
한 것은 쇼펜하우어가 칸트의 철학을 비판하는 출발점이 된다.

3. 자연의 의지에 대하여

『자연의 의지에 대하여』는 쇼펜하우어가 1836년에 저술한 것으로, 이
책의 전체 제목은『자연의 의지에 대하여. 저자의 철학이 등장한 이래
경험적인 과학을 통해서 갖게 된 증명들에 대한 설명』(Über den Wil-
len in der Natur. Eine Erörterung der Bestätigungen, welche die Phi-
losophie des Verfassers, seit ihrem Auftreten, durch die empirischen
Wissenschaften erhalten hat)이다. 쇼펜하우어가 1833년 프랑크푸르
트에 완전히 정착한 후에 고독과 은둔 속에서 지내면서 별다른 저서를
출간하지 않다가 3년 후에 발표한 것이다. 쇼펜하우어는『의지와 표상
으로서의 세계』의 출간 이후에 17년 동안의 침묵을 깨고 등장한 이 책
이 그동안 전개한 자신의 철학을 증명한다고 생각한다.[5]

쇼펜하우어가 부제에서 드러내듯이 이 책에서는 다양한 자연과학의
주장들과 자신의 자연개념이 지닌 연관성을 체계적으로 논의한다. 이

---

5 ZSA5, 201쪽 참고.

글의 기본적인 입장은 그가 『의지와 표상으로서의 세계』 1권의 두 번째 부분에서 언급된 내용들과 관계가 있다. 쇼펜하우어에 따르면 우리가 경험하는 자연세계는 모두 의지의 드러남이고, 자연 속의 다양한 사물들과 현상들은 의지의 객관화와 개체화의 원리에 의해서 존재하는 것이다. 쇼펜하우어는 여기에서 자연은 곧 의지현상이라고 생각한다. 무기체와 유기체뿐만 아니라 인간의 삶도 이러한 자연의 일부분이며 의지의 드러남인 것이다. 세계 또는 자연 앞에 서 있는 주체로서의 인간의 위대함이 논의되는 것이 아니라 인간의 삶도 포함한 자연 자체의 적극적이고 변화무쌍한 존재방식이 상세하게 논의되는 것이다. 『의지와 표상으로서의 세계』 1권의 첫 번째 부분에서 세계를 주관에서 출발하여 객관을 고찰하지만 여기에서는 객관에서부터 주관을 고찰한다.

『자연의 의지에 대하여』는 약 159쪽으로 구성된 작은 분량의 저서로, '생리학과 병리학'(Physiologie und Pathologie), '비교해부학'(Vergleichende Anatomie), '식물생리학'(Pflanzen-Physiologie), '물리천문학'(Physische Astronomie), '언어학'(Linguistik), '동물적 자기주의와 마술'(Animalischer Magnetismus und Magie), '중국학'(Sinologie), '윤리학에의 예시'(Hinweisung auf die Ethik) 등으로 구성된다. 쇼펜하우어는 이 저서에서 『의지와 표상으로서의 세계』에서 주장한 내용들이 그동안의 자연과학의 연구와 발전을 통해서 증명된다는 점을 강조한다. 즉 전통철학의 입장이 자연과학의 입장과 대립했던 것[6]과는 달리 그는 자연에 대한 자신의 형이상학적 주장들이 자연과학의 주장들과 긴밀하게 연결됨을 강조하는 것이다.

6 철학과 자연과학의 대립의 원인은 데카르트가 설정한 정신과 물질의 배타적인 존재특성에 있다고 볼 수 있다. 쇼펜하우어에 따르면 정신과 물질의 구분은 단지 상대적이며 둘 다 자연 속에서 드러나는 의지현상에 의해서 설명될 수 있다.

4. 윤리학의 두 가지 근본물음

『윤리학의 두 가지 근본물음』은 쇼펜하우어가 1841년 발표한 저서로, 윤리학의 핵심문제에 대한 그의 독창적인 생각들을 드러낸다. 이 저서는 약 315쪽의 분량이며, 이 저서의 주장들은 기본적으로 『의지와 표상으로서의 세계』 1권의 네 번째 부분의 주장들과 연결된다고 볼 수 있다. 이 저서는 두 개의 논문으로 구성되는데, 이 논문들은 원래 쇼펜하우어가 각각 1839년과 1840년에 응모했던 현상논문이다. 1839년 노르웨이학술원의 현상논문으로 응모한 「인간의지의 자유에 대하여」와 1837년 덴마크학술원의 현상논문으로 응모한 「도덕의 토대에 대하여」를 모아서 『윤리학의 두 가지 근본물음』이라는 제목으로 출판한 것이다. 「인간의지의 자유에 대하여」는 수상을 하지만, 「도덕의 토대에 대하여」는 수상하지 못한다.

「인간의지의 자유에 관하여」에서는 인간의 의지가 자유로운가의 문제, 즉 인간이 자유의지를 갖는가의 문제를 다룬다. 쇼펜하우어는 인간의 행동이 과연 자유로운가라는 문제에 대해 부정적인 태도를 취한다. 왜냐하면 그가 『의지와 표상으로서의 세계』에서 주장하듯이 모든 존재는 의지의 지배를 받고, 그것에 이끌려갈 뿐이며, 인간의 행위도 예외가 아니기 때문이다. 쇼펜하우어에 따르면 인간의 모든 행동을 제약하는 원리가 존재하는데, 이러한 원리는 칸트의 도덕철학이 주장하듯이 어떤 정언명령을 의미하거나 선험적인 도덕의식을 의미하지 않는다.[7] 칸트의 경우에는 그러한 원칙을 선택하는 인간의 의지가 자유로워야

---

7 쇼펜하우어는 칸트가 '지적 성격'(intelligibeler Charakter)과 '경험적 성격' (empirischer Charakter)을 구분하는 것을 받아들인다. 그러나 쇼펜하우어는 지적 성격이 결국은 모든 존재가 의지의 지배를 받고 있음을 말해준다고 주장한다. 즉 지적 성격은 오히려 인간이 숙명적으로 의지의 드러남 속에 내던져 있음을 말해준다는 것이다.

하기 때문이다. 쇼펜하우어는 이와 달리 의지가 인간의 모든 행위를 억압한다고 말할 뿐이다. 의지는 인간의 모든 행위를 제약하며, 의지의 지배로부터 벗어날 수 있는 길은 인간에게 주어지지 않는다. 따라서 인간의 모든 행위는 자신의 자유로운 의지의 선택이 아니라 세계를 이끌어가는 의지의 자기현시일 뿐이다. 이러한 쇼펜하우어의 입장은 전통적으로 인간의 자유의지를 적극적으로 옹호하는 입장과는 구분된다.

「도덕의 토대에 대하여」에서는 칸트의 윤리학이 지닌 특성을 논의하면서 칸트윤리학의 형식주의적인 측면과 이러한 칸트의 윤리학을 이어받는 피히테의 윤리학을 비판한다. 이 위에서 쇼펜하우어는 자신만의 독창적인 윤리학을 정초한다. 쇼펜하우어에 따르면 윤리학의 진정한 토대는 의무론적이고 형식적인 원리가 아니라, 맹목적인 삶에의 의지에 이끌려가면서 고통스러운 삶을 살아가는 모든 존재에 대한 동정심에서 시작되어야 한다. 쇼펜하우어가 말하는 동정심은 단지 인간의 본성에 대한 추상적인 고찰을 통해서 얻어지는 것이 아니라, 세계의 모든 존재가 필연적으로 고통을 겪을 수밖에 없다는 것에 대한 형이상학적 통찰을 통해서 비로소 주어진다. 존재하는 모든 사물이 맹목적인 삶에의 의지의 지배를 받고, 이러한 의지가 자신의 존재를 위해서 점점 더 우리를 끊임없는 욕망의 세계로 이끌고 가며, 그러한 과정에서 삶에의 의지는 우리로 하여금 삶의 고통을 견뎌내기만을 강요한다. 이러한 의지가 존재하는 한 우리의 고통은 사라지지 않고 결국 우리의 삶뿐만 아니라 타인의 존재까지도 고통스러운 것이 된다. 이러한 우리의 삶과 모든 존재의 고통이 맹목적인 삶에의 의지에서 생겨난다는 형이상학적 통찰에서 비로소 모든 존재에 대한 동정심이 나온다는 것이다. 이 점에서 쇼펜하우어는 우리의 삶과 모든 존재가 맹목적인 삶에의 의지에 지배를 받기 때문에 진정한 도덕의 토대는 우리가 모든 존재에 대해서 동정심을 가져야 한다는 점에 놓인다고 주장한다.

5. 부록과 보충

쇼펜하우어는 1851년에 다양한 철학적 주제들을 다룬 글들을 모아 『부록과 보충』이라는 제목의 책으로 출판한다. 이 저서는 두 권의 책으로 이루어졌으며, 1권과 2권을 모두 합하면 방대한 분량을 지닌다. 이 저서는 「충분근거율의 네 가지 뿌리에 대하여」와 『의지와 표상으로서의 세계』처럼 체계적으로 구성된 것이 아니라 다양한 주제들에 관해서 단편적으로 썼던 글들을 주제별로 모아 놓은 것으로, 이 책의 서문에서 쇼펜하우어가 언급했듯이 이 저서는 그의 철학에 익숙한 사람들뿐만 아니라 그렇지 않은 사람들도 어렵지 않게 접할 수 있는 책이다.

우리가 『부록과 보충』의 1권의 내용 중 철학적으로 주목해볼 만한 것은 '관념적인 것과 실재적인 것의 가르침에 대한 역사요약' (Skitze einer Geschicht der Lehre vom Idealen und Realen), '철학역사단편' (Fragmente zur Geschichte der Philosophie), '대학철학에 대하여' (Ueber die Universitäts-Philosophie), '정신탐구와 이와 관련된 것들에 대한 시도' (Versuch über das Geistersehn und was damit zusammenhängt), '삶의 지혜를 위한 잠언들' (Aphorismen zur Lebensweisheit)이다. 2권의 내용은 1권의 내용보다는 좀 더 단편적으로 다양한 주제들에 대해서 다룬다. 이 중에서 주목해볼 만한 것은 '철학과 그 방법에 대하여' (Ueber Philosophie und ihre Methode), '철학과 자연과학에 대하여' (Zur Philosophie und Wissenschaft der Natur), '윤리학에 대하여' (Zur Ethik), '죽음을 통한 우리의 진정한 본질의 불멸성에 대한 가르침에 대하여' (Zur Lehre von der Unzerstörbarkeit unsers wahren Wesens durch den Tod), '현존재의 무상성에 대한 가르침에 대한 보충들' (Nachträge zur Lehre von der Nichtigkeit des Daseyns), '고통스러운 세계에 대한 가르침에 대한 보충들' (Nachträge zur Lehre vom Leiden der Welt), '자살에 대하여' (Ueber den Selbstmord), '삶에의 의지의 긍정과 부정에 대한 가르침의 보충들' (Nachträge zur Lehre von der Bejahung und Verneinung), '종교에 대하여' (Ueber Religion), '여자에 대하여' (Ueber die Weiber) 등이 있다.

이 중에서 중요한 글의 내용을 간단히 설명하면 다음과 같다. '관념적인 것과 실재적인 것의 가르침에 대한 역사요약'은 실재론과 관념론 사이의 논쟁을 비판적으로 논의하는 글이다. 여기에서 쇼펜하우어는 데카르트에서부터 말브랑슈, 로크, 스피노자, 버클리에 의해서 전개된 실재론과 관념론의 입장이 사실은 동일한 존재에 대한 상이한 관점에서 비롯된 것이라고 주장한다.

'철학역사단편'에서는 소크라테스 이전의 철학들부터 쇼펜하우어 자신의 철학에 이르기까지의 대표적인 철학자들의 주장들과 문제점들을 간략하게 요약하여 논의한다. 이 글에서는 서양철학 전반에 대한 쇼펜하우어의 이해방식을 살펴볼 수 있다.

'대학철학에 대하여'에서는 당시의 독일대학에서 행해지던 철학탐구에 내세서 비판적인 논의들을 드러낸다. 쇼펜하우어는 칸트를 비롯하여 소위 독일관념론자들의 철학이 대학에서 주요하게 논의되는 당시의 현실을 신랄하게 비판하면서 철학의 진정한 길이 무엇이어야 하는지에 대한 논의를 우회적으로 제시한다.

'삶의 지혜를 위한 잠언들'에서는 쇼펜하우어가 이 글의 서문에서 드러내듯이 삶을 의미 있고 행복하게 살기 위한 다양한 지침들을 언급한다. 우선적으로 인간의 삶을 염세주의의 입장에서 파악하는 쇼펜하우어는 이러한 염세적인 세계 속에서 삶의 진정한 의미를 찾고, 나아가서 행복에 이르는 길을 날카로운 삶의 풍자를 통해서 제시한다. 쇼펜하우어에 따르면 고통스러운 세계에서 벗어나기 위해서 우리에게 필요한 것은 그 어떤 추상적인 사유장치가 아니라 세계와 삶에 대한 해학적 통찰, 즉 삶의 지혜이다. 지속적이고 적극적인 성찰을 통해 얻는 삶의 지혜야말로 우리가 삶의 위안을 얻을 수 있는 유일한 길이라는 것이다.

쇼펜하우어는 '죽음을 통한 우리의 진정한 본질의 불멸성에 대한 가르침에 대하여'에서는 인간존재의 불멸성에 대한 논의를 전개한다. 여기에서 쇼펜하우어가 제기하는 주장은 인간에게 불멸하는 영혼과 같은 것은 존재하지 않기 때문에 죽음 이후에 인간존재가 소멸하는지에 대한 논의는 의미가 없다고 주장한다. 모든 시대의 인간은 죽음에 대한 불안과 두려움 속에서 불멸하는 영혼의 존재를 상정하는데, 이것은 모든 존재가 의지의 지배 속에서 끊임없이 생성하고 소멸한다고 보는 쇼펜하우어의 입장에서는 불가능하다. 죽음 이후의 지속적인 삶은 어떤 식으로든 불가능한 것이다. 쇼펜하우어는 우리가 죽음을 피할 수 없는 인간의 유한성에 대해서 두려워할 필요가 없다고 말한다. 죽음에 대해서 두려움을 느끼기 위해서는 죽음 이후에도 우리의 의식이 존재해야 하는데, 인간의 의식작용은 두뇌작용일 뿐이며 이러한 두뇌작용은 신체의 죽음을 통해서 사라져버리는 것이기 때문이다. 쇼펜하우어는 고대철학자 에피쿠로스의 말대로 우리가 살아 있는 동안에는 죽음이 다가오지 않았기 때문에 두려워할 필요가 없고, 우리가 죽은 뒤에는 우리는 더 이상 살아 있지 않기 때문에, 즉 더 이상 의식을 가진 존재가 아니기 때문에 그 어떤 것에 대한 두려움도 가질 필요가 없다는 점을 강조한다. 쇼펜하우어는 영혼의 불멸성에 대한 논의를 통해서 오히려 죽음 이후의 세계가 아니라 현재 주어진 우리의 삶이 지닌 가치와 의미를 강조하는 것이다.

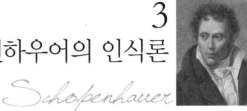

3
쇼펜하우어의 인식론

1. 표상과 세계

쇼펜하우어의 철학적 입장을 가장 잘 드러내는 용어는 무엇일까? 철학자들의 주장을 핵심적으로 표현해주는 용어를 우선 생각해본다면 우리는 좀 더 쉽게 그 철학자의 사상의 특징을 이해할 수 있을 것이다. 쇼펜하우어의 경우에 그것은 아마도 표상이라고 말할 수 있다. 쇼펜하우어의 대표저서가 『의지와 표상으로서의 세계』라는 사실에서 알 수 있듯이 그에게 표상이라는 개념은 중요한 의미를 갖는다. 이 표상이라는 용어가 지닌 의미를 살펴보면 쇼펜하우어철학의 특징들을 읽어낼 수 있다.

쇼펜하우어의 철학이 우선적으로 관심을 갖는 것은 우리가 경험하는 표상세계다. 표상세계라는 것이 무엇인가라는 물음은 쇼펜하우어의 철학에서 결코 간과할 수 없는 중요한 문제이다. 왜냐하면 우리는 눈앞에 펼쳐져 있는 표상세계 속에서 태어나고 살아가며 죽음을 맞이하기 때문이다. 이렇게 우리의 삶을 전적으로 둘러싸고 있는 표상세계에 대한 관심은 철학자 쇼펜하우어로서는 당연한 것이라고 할 수 있다.[1]

쇼펜하우어는 『의지와 표상으로서의 세계』 첫머리에서 다음과 같이

말한다. "세계는 나의 표상이다. 이 주장은 살아서 인식하는 모든 존재
에게 해당되는 진리다. 그러나 오로지 인간만이 이러한 진리를 반성적
이고 추상적으로 의식할 수 있는데, 인간이 진정으로 이 사실을 의식할
때 철학적인 사유를 할 수 있다. 그 경우에 인간은 태양과 대지를 아는
것이 아니라 태양을 바라보는 눈과 대지를 지각하는 손을 갖고 있는 것
에 불과하다는 것, 우리 인간을 둘러싸고 있는 세계는 단지 표상으로서
만 존재한다는 것, 즉 세계는 인간이라는 표상하는 자와 관계하면서 존
재한다는 것이 그에게 명확하고 확실해질 것이다. 우리가 어떤 진리를
선험적이라고 부를 수 있다면 바로 이런 것이 선험적 진리일 것이다."[2]

위의 인용문은 우리가 세계를 표상으로서 파악한다는 사실과 세계를
표상으로 파악하는 것이 지닌 철학적 의미를 드러낸다. 먼저 쇼펜하우
어는 살아 있는 모든 존재가 세계를 우선적으로 표상으로 파악한다는
점을 주장한다. 여기에서 우리가 주목해야 할 것은 세계를 표상으로서
파악하는 것은 오로지 인간만이 가능하다는 점이다. 물론 쇼펜하우어
는 인간 이외의 존재에게도 세계는 표상으로서 다가온다는 점을 부정
하지는 않지만, 정작 이들 존재들은 세계가 표상이라는 점을 의식하지
못한다고 생각한다. 그렇다고 이러한 언급은 인간이 다른 존재에 대해
서 절대적인 우월성을 갖는다는 의미로 해석되어서는 안 된다.[3]

---

1 쇼펜하우어 이외에 인간과 세계의 숙명적인 관계를 잘 언급하는 철학자는 하이데
거이다. 하이데거는 『존재와 시간』에서 이러한 인간존재를 '세계-내-존재'(In-der-
Welt-sein)라고 규정하면서 인간과 세계의 존재론적 관계를 기술한다.

2 Arthur Schopenhauer, *Die Welt als Wille und Vorstellung*, Bd. 1., 31(39)(이하
W1으로 표기). 이 책에 기재된 번역은 부분적으로 '홍성광 옮김, 『의지와 표상으로서
의 세계』(을유문화사, 2009)'을 참고했으나(괄호 안에 번역본 쪽 수 표기) 독자의 이해
를 위해서 필요에 따라 독일어 원전의 내용을 의역하여 사용하였음을 밝혀둔다.

3 쇼펜하우어는 인간과 동물 사이의 절대적인 차이를 인정하지 않는다. 왜냐하면 그
는 인간이나 동물 모두 의지에 의해서 지배되는 존재라고 생각하기 때문이다.

쇼펜하우어에 따르면 우리가 우선적으로 세계를 표상으로 파악한다는 것은 우리가 태양 자체, 사물 자체, 즉 세계 자체를 인식한다는 것이 아니라 세계가 우리에게 나타나는 바 대로 인식한다는 것을 의미한다. 또한 세계가 표상이라는 말은 세계가 스스로 존재하는 것이 아니라 인간과 관계함으로써 존재한다는 것을 의미한다. 이 점에서 세계는 나의 표상이라는 말은 인간과 세계의 의존적인 관계를 드러내는 표현인 것이다. 여기에서 쇼펜하우어는 세계는 나의 표상이라는 사실을 '선험적 진리'라고 부른다.

쇼펜하우어는 세계가 표상이라는 주장이 지닌 인식론적인 의미에 관심을 드러낸다. 그에 따르면 세계는 그 자체로 독립적으로 존재하는 것이 아니라 항상 인간존재, 즉 인식하는 주관에 관계하면서 존재한다. 그리고 세계는 주관에 의해서 제약을 받는다고 할 수 있다. 이처럼 세계는 나의 표상이라는 주장은 바로 주관에 대한 객관의 제약적인 관계를 드러내는 것이다. 이 점에 대해 쇼펜하우어는 다음과 같이 강조한다. "세계에 속하고 세계에 속할 수 있는 모든 것은 어떤 식으로든 주관에 의해서 이러한 제약을 받으며, 오로지 주관을 위해서만 존재하는 것이다. 세계는 표상인 것이다."[4]

쇼펜하우어에 따르면 주관과의 관계를 벗어난 세계의 존재를 상정하는 것은 생각할 수 없다. 물론 엄밀하게 말하자면 우리는 세계가 그 자체로 존재한다고 상상할 수는 있겠지만 그러한 세계는 우리에게 아무런 의미를 가져다주지 않는다. 왜냐하면 비록 그런 세계가 존재한다고 하더라도 우리는 그 세계를 경험할 수 없기 때문이다. 만약 어떤 세계가 존재함에도 불구하고 우리가 그것을 볼 수도 없고 만질 수도 없다면

---

4 W1, 32(40)쪽.

우리는 그것의 존재를 어떻게 설명할 수 있을까? 쇼펜하우어는 세계가 우리의 표상이라는 주장을 통해서 주관과 관계하지 않는 세계의 존재를 단호하게 부정한다.[5]

그러나 쇼펜하우어는 세계가 나의 표상이라는 주장이 완전히 새로운 주장이라고 말하지 않는다. 왜냐하면 쇼펜하우어는 이전의 철학자들에게서도 주관의 중요성이 강조되었다는 점을 인정하기 때문이다. 쇼펜하우어는 여기에서 두 사람의 철학자를 언급한다. 첫 번째 철학자는 버클리이다. 버클리는 경험론의 입장에서 우리의 지각과 독립된 존재를 부인한 철학자이다. 버클리에 따르면 사물들의 존재는 항상 우리 인간의 지각과 관련된다. 이런 이유에서 버클리는 '존재는 지각이다' 라고 말한다.[6] 버클리에 따르면 다른 어떤 것에 의존하지 않고 존재하는 소위 실체와 같은 것을 생각할 수 없다. 왜냐하면 어떤 것이 존재하기 위해서는 반드시 지각이라는 우리의 경험작용 속에 주어져야 하는데, 실체는 그 규정상 어떤 것에 의존하지 않고 존재해야만 하기 때문이다. 예를 들어 어제 산책을 하면서 길에서 보았던 돌멩이를 오늘 책상 앞에 앉아 있는 내가 더 이상 지각하지 않는 경우에는 나는 그 돌이 존재한다는 것을 안다고 말할 수 없다. 버클리의 이러한 입장은 극단적인 측면이 있지만 인식의 문제에서 강한 주관주의적 입장을 드러낸다고 할 수 있다. 쇼펜하우어는 이 점이 버클리의 중요한 업적이라고 평가한다.

---

5 쇼펜하우어의 이러한 입장은 소위 주관주의라는 입장을 대변하는 것이다. 또한 쇼펜하우어의 입장은 사물의 존재를 실체로 규정하는 태도를 거부하는 것이다.
6 "존재는 지각이다"라는 버클리의 주장은 존재론적인 측면과 인식론적인 측면에서 생각해볼 수 있다. 존재론적인 측면에서 이 주장은 우리가 지각하지 않을 경우에 그 어떤 사물도 존재하지 않는다는 것을 말해준다. 또한 인식론적인 측면에서 이 주장은 우리가 두 개의 상이한 시각에서 동일한 사물들 지각한다고 할지라도 그 사물에 대한 지각이 동일한 경우에만 그 사물을 동일한 대상으로 인식할 수 있다는 것을 말해준다.

그러나 쇼펜하우어에 따르면 주관주의적 입장은 이미 데카르트의 주장에서 발견된다. 데카르트는 확고한 앎의 출발점을 탐구하는 논의에서 주관의 역할을 분명하게 강조한다. 데카르트는 눈앞의 모든 것의 존재를 의심하고 부정한다고 할지라도 모든 것을 의심하는 나의 존재 자체는 부정할 수 없다고 말한다. 여기에서 데카르트는 '나는 생각한다, 그러므로 존재한다'라는 확신을 제시하는데, 이것은 세계에 대한 인식의 출발점이 자아 또는 주관이라는 점을 강조하는 것이다. 비록 데카르트는 합리론적인 입장을 옹호하기 위해서 이러한 주장을 제시하였지만, 경험론을 옹호하였던 버클리도 같은 입장을 드러낸다.[7]

쇼펜하우어는 주관주의적 입장을 견지하는 두 번째 대표자로 비야사 (Vyasa)를 언급한다. 쇼펜하우어에 따르면 비야사의 베단타철학의 특징은 사물의 존재가 지닌 특성들이 우리 인간의 지각작용에 전적으로 의존한다는 점에 주목하는 것이다. 여기에서는 우리의 지각작용과 독립해서 존재하는 실체적인 사물의 존재를 부정한다. 쇼펜하우어는 사물의 존재와 우리 주관의 존재 사이에 놓인 숙명적인 관계를 칸트의 '경험적 실재성'(empirische Realität)과 '선험적 관념성'(transzendentale Idealität)이라는 용어를 빌려 설명한다. 먼저 경험적 실재성이라는 용어는 우리의 경험 속에 주어진 세계가 단지 우리의 경험 속에만 있는 것이 아니라 실세로 존재한다는 것을 의미한다. 즉 세계는 우리에게 나타나는 모습 그대로 존재한다는 것이다. 그렇다고 이 용어를 독단론자들이 주장하는 것처럼 우리의 경험에 의존하지 않는 독립된 대상의 존

---

7 우리는 주관에 의존하지 않는 외부세계의 실재를 부정하는 입장을 로크와 흄에게서 찾아볼 수 있다. 로크에게는 주관에 의존하지 않고 독자적으로 존재하는 대상, 즉 실체는 단지 복합관념일 뿐이다. 또한 흄에게는 모든 존재는 오로지 인상을 통해서 그 존재를 확인할 수 있을 뿐이다.

재를 옹호하는 것으로 이해해서는 안 된다. 왜냐하면 경험적 실재성은 사물의 초월적 실재성을 부인하는 것이기 때문이다. 다음으로 선험적 관념성이라는 용어는 존재하는 세계가 철저하게 주관에 의존한다는 것을 의미한다. 즉 주관에 의존해서 세계가 존재하게 된다는 것을 의미한다. 쇼펜하우어는 경험적 실재성과 선험적 관념성이라는 용어를 통해서 주관과 세계 사이의 긴밀한 관계를 우리에게 설명한다.[8]

2. 충분근거율

쇼펜하우어는 세계에 존재하는 모든 사물들이 존재하기 위해서 충분한 근거를 가져야 한다고 주장한다. 즉 우리 눈앞에 펼쳐진 표상들의 세계가 임의적으로 존재하는 것이 아니라 서로 긴밀한 관계를 맺으면서 존재한다는 것이다. 우리가 세계를 표상으로서 경험하기 위해서는 표상들을 일정한 형식 속에서 연결해야 한다. 쇼펜하우어는 이처럼 우리로 하여금 표상세계를 경험하게 하는 전제이자 원리를 '충분근거율'(prin-cipium rationis sufficientis) 또는 줄여서 '근거율'이라고 부른다. 충분근거율은 볼프나 라이프니츠의 철학의 출발점을 제공하는 원리로, 이들은 '근거 없이는 아무것도 존재하지 않는다'(nihil esse sine ratione)라고 주장하면서 세계의 모든 사물들이 존재하기 위해서는 반드시 특정한 원인 또는 근거를 가져야 한다고 생각하였다. 어떤 사물이 이유없이 존재한다고 생각하는 것은 불가능하다는 것이다. 예를 들면 바다에 파도가 이는 것은 바람이 불기 때문이고, 사람들이 슬퍼하는 것은 그 무엇인가에 의해서 상처를 받았기 때문이다. 이처럼 충분근거율은 세

---

8   경험적 실재성과 선험적 관념성에 대한 쇼펜하우어의 논의는 W1, 46(58)쪽 참고.

계에서 일어나는 모든 존재현상들을 설명할 수 있는 궁극적인 원리라고 할 수 있다.

쇼펜하우어는 『의지와 표상으로서의 세계』에서 충분근거율의 중요성을 강조하는데, 그는 충분근거율이 표상세계를 이해하기 위한 전제라고 생각하기 때문이다. 쇼펜하우어는 충분근거율을 자신의 박사학위 논문인 「충분근거율의 네 가지 뿌리에 대하여」에서 상세하게 논의한다. 쇼펜하우어는 이 논문에서 우리가 세계를 다양한 측면에서 표상으로 파악한다는 것을 강조한다. 쇼펜하우어에 따르면 우리는 세계를 표상으로서, 즉 객관으로서 경험하는데, 이때에 이러한 객관을 마주하는 우리는 주관이 된다. 인식론에서 주관과 객관이라는 용어는 인식하는 자와 인식하는 대상을 지칭할 때에 사용하는 용어이다.

인식론에서 사물에 대한 인식을 구성하기 위해서는 주관과 객관의 결합이 필수적인데, 여기에서 주관의 역할을 강조하거나 객관의 역할을 강조함에 따라서 각각 주관주의나 객관주의로 구분된다. 주관주의는 인식을 형성하는 과정에서 무엇보다도 주관의 역할을 강조하는 경우이다. 근대의 인식론자들이 이 경우에 속하는데, 예를 들면 데카르트, 버클리, 칸트 등이 있다. 여기에서 세계를 우리 눈앞에 펼쳐진 표상으로 파악하는 쇼펜하우어의 입장은 주관주의로 볼 수 있을 것이다. 이와 달리 객관주의는 인식을 형성하는 과정에서 주관이 아니라 주관 밖의 대상이 인식의 출발점을 제공한다고 주장한다. 이때 주관은 자신의 외부에 존재하는 대상의 존재를 수동적으로 받아들이는 역할을 한다. 여기에서 인식의 중심은 주관이 아니라 외부의 사물인 것이다.

쇼펜하우어는 세계의 존재가 우선적으로 우리에게 표상들로 다가온다고 주장하는데, 표상들은 단지 우리에게 주어진 것이 아니다. 우리는 표상들을 다양한 방식으로, 즉 특정한 관점에서 결합시킨다. 예를 들면 봄에 꽃이 피는 것을 경험하거나, 모든 사람은 죽는다라는 전제에서 소크라테스는 죽는다라는 결론을 이끌어내거나, 100평의 건물이 50평의 건물보다 크고 1시간이 60분과 같은 것이라는 것을 아는 것이나, 물에 빠진 사람을 구해야 한다고 생각하는 것처럼 우리는 우리가 경험하는 표상들을 다양한 방식으로 결합시킨다. 쇼펜하우어에 따르면 우리는 표상들이 결합하는 형태를 네 가지로 구분할 수 있는데, 각각 생성의 근거율, 인식의 근거율, 존재의 근거율, 행위의 근거율라고 부른다. 먼저 생성의 근거율은 표상들 사이의 관계를 원인과 결과의 측면에서 고찰하는 근거율이며, 이것은 우리가 흔히 인과법칙이라고 부르는 것이다. 반면에 인식의 근거율은 표상들을 개념의 측면에서 다루며 우리의 판단작용에서 전제와 결론의 결합을 드러내는 근거율을 의미한다. 또한 존재의 근거율은 표상들의 결합을 시간과 공간의 측면에서 연결시키는 원리인데, 이것은 표상들의 위치(Lage)와 계기(Folge)를 다룬다. 마지막으로 행위의 근거율은 표상들 사이의 관계를 동기의 측면에서 고찰하는 원리이다.

3. 주관과 객관

쇼펜하우어는 인식의 문제에서 주관의 중요성을 인정한다. 왜냐하면 다양한 표상들을 경험하는 존재가 바로 주관이므로, 주관이 존재하지 않는다면 세계도 존재할 수 없을 것이기 때문이다. 물론 극단적인 실재론자는 주관에 의존하지 않는 사물의 존재를 인정하기 때문에 이러한 주관의 중요성을 인정하지 않는다. 그러나 쇼펜하우어는 비록 인식에서 주관의 한계성을 인정한다고 할지라도 표상세계를 인식할 때 주관의 중요성을 포기하지 않는다.

쇼펜하우어는 『의지와 표상으로서의 세계』에서 주관의 중요성을 다음과 같이 설명한다. "모든 것을 인식하지만 그 어떤 것에 의해서도 결코 우리에게 인식되지 않는 것이 주관이다. 그렇기 때문에 주관은 세계의 담지자이자, 우리가 경험하는 모든 현상과 모든 객관을 관통하며 늘 그것들의 전제가 되는 조건이다. 왜냐하면 존재하는 모든 것은 오로지 주관에 의해서만 존재하기 때문이다."[9] 우리는 세계를 인식하는 과정에서 항상 이러한 주관으로 존재한다.

쇼펜하우어에 따르면 인식주관은 표상들 자체와는 완전히 다른 존재 특성을 갖는다. 주관 앞에 주어진 표상들은 시간과 공간에 사로잡혀 있지만, 이와 달리 주관은 시간과 공간에 의해서 제약을 받지 않는다. 그런데 표상들이 인식되기 위해서는 주관에 제약을 받아야 하는, 즉 표상들이 주관에 관계하는 대상으로서 존재하는데, 이 점에서 표상은 항상 주관의 존재를 전제해야만 한다. 주관 없이는 대상, 즉 객관으로서의 표상을 생각할 수는 없는 것이다.[10] 쇼펜하우어는 이 점에 대해 다음과 같이 말한다. "그런데 이처럼 인식하면서도 인식되지 않는 주관은 이러한 형식 속에 있지 않고, 오히려 그러한 형식들의 전제가 된다. 따라서 주관에는 다수성(Vielheit)도, 그 반대인 단일성도 존재하지 않는다. 우리는 어떤 식으로든 이러한 주관을 인식하지 못하는데, 왜냐하면 인식이 행해질 경우 인식을 하는 것이 바로 주관이기 때문이다."[11]

이러한 주관의 역설적인 특징은 그것이 모든 것을 인식하는 출발점

---

9   W1, 33(43)쪽.
10 이러한 주관의 입장은 후설이 주장하는 의식의 지향성과 연결된다. 후설은 의식이 항상 어떤 것에 대한 의식이며, 어떤 경우에도 대상과 관계하지 않는 공허한 의식은 존재하지 않는다고 진술한다. 이 점은 주관의 적극적인 측면을 드러내는 역할을 한다.
11 W1, 34(43)쪽.

이지만 그 스스로는 결코 인식되지 않는다는 점이다. 왜냐하면 주관은 인식되는 어떤 대상이 아니라 능동적으로 인식을 수행하는 주체이기 때문이다. 쇼펜하우어는 이러한 주관의 적극적인 역할에 대해서 주목하는데, 이것은 칸트의 인식이론을 수용하는 것을 의미한다. 칸트는 소위 코페르니쿠스적 전회를 통해서 주관과 독립한 대상에 대한 인식가능성을 부인하며 인식은 오로지 주관에게 주어진 선천적인 인식형식에 의해서 대상이 제약되는 과정, 즉 주관에 의해서 대상이 구성되는 과정이라는 점을 강조한다. 지금 내 앞의 책상 위에 놓인 책들이 쇼펜하우어에 관련된 책들이며, 그것들이 독일어로 된 원서이며 서로 다른 분량을 갖는다는 사실을 아는 것은 그 책들을 경험하는 나에 의해서 구성된 앎에 의해서이다. 이러한 책들을 경험하는 나의 존재 없이 책상 위에 놓인 책들에 대한 앎은 언급될 수 없는 것이다. 왜냐하면 책상 위의 책들 자체는 우리의 존재 없이는 자신의 존재를 우리에게 알려줄 수 없기 때문이다.

쇼펜하우어에 따르면 이러한 주관의 역할에 올바르게 주목을 한 사람은 바로 칸트이다. 칸트는 대상에 대한 앎을 산출해내는 형식이 선천적으로 주관에게 부여된다고 주장한다. 그것은 시간과 공간이라는 직관형식과 순수오성의 개념인 범주인데, 쇼펜하우어는 이러한 형식을 시간과 공간 그리고 인과율이라고 생각한다.[12] 이것은 충분근거율을 의미하는 것으로, 모든 객관들을 지배하는 근원적인 원리이며, 여기에서 주관은 충분근거율을 사용하는 주체이다.

그러나 우리가 유의해야 할 것은 이러한 주관의 특성에 대한 쇼펜하

---

12 칸트는 판단의 여러 가지 형식에 근거하여 순수오성 개념인 12개의 범주를 도출해낸다. 그러나 쇼펜하우어는 이들 범주 중에서 인과율만을 인정하고, 나머지 범주들은 인정하지는 않는다.

우어의 언급을 단지 객관에 대한 주관의 우월성으로 해석해서는 안 된다는 점이다. 쇼펜하우어는 주관과 객관의 관계를 일방적으로 한쪽이 우월한 관계로 오해해서는 안 된다고 강조한다. 『의지와 표상으로서의 세계』 5절에서 이 문제를 분명하게 언급한다. 특히 쇼펜하우어는 주관과 객관 사이에 인과관계가 성립한다고 오해해서는 안 된다는 점을 강조한다. 쇼펜하우어가 이 점을 강조하는 이유는 무엇인가? 쇼펜하우어에 따르면 이 문제는 전통철학이 범한 오류를 우리에게 드러내기 때문이다.

쇼펜하우어는 전통철학에서 주관과 객관의 관계는 흔히 외부세계의 실재성에 대한 문제, 즉 우리 주관과 독립해서 존재하는 세계가 있는지에 대한 논쟁으로 이어졌다는 점을 지적한다. 이러한 논쟁에서 한쪽은 주관의 역할을 강조하면서 세계가 주관에 의해서 존재하는 것처럼 주장한다. 즉 여기에서는 주관이 세계가 존재하는 원인이 되는 것이다. 이러한 입장은 관념론(Idealismus)이라고 불리는데, 이러한 관념론자들은 주관없이 사물이 존재할 수 있다는 주장을 단호하게 거부한다. 버클리, 피히테, 헤겔과 같은 철학자가 대표적인 관념론자이다.[13]

이와 달리 세계는 객관적으로 존재하며 주관은 그러한 존재를 단지 수동적으로 받아들이는 것이라고 보는 견해가 있는데, 이것은 실재론(Realismus)이라고 불린다. 대표적인 실재론자에는 플라톤, 아리스토텔레스, 안셀무스가 있다. 이들은 주관에 의존하지 않는 사물의 존재를 적극적으로 주장하는데, 이러한 실재론자에 따르면 주관의 역할은 부정적이거나 단지 소극적일 뿐이다.[14]

---

13 물론 이처럼 관념론을 단지 주관에 의해서 객관이 존재한다고 생각하는 것은 애매한 규정이라고 할 수 있다.
14 칸트는 『순수이성비판』에서 이러한 실재론을 경험적 실재론(empirischer Realis-

쇼펜하우어는 세계의 존재에 대한 이러한 관념론과 실재론의 입장을 독단론이라고 부른다. 사실 관념론과 실재론의 문제는 서양철학사의 전개에서 처음부터 수많은 논쟁을 야기했던 문제이다. 고대 그리스의 대표적인 소피스트였던 프로타고라스는 '만물의 척도는 인간이다'라고 주장하면서 사물의 존재는 인간의 경험에 의존한다는 것을 확신했다. 또한 이후에 플라톤과 아리스토텔레스는 주관에 의존하지 않는 객관 자체로서의 존재문제를 놓고 대립했으며, 이러한 대립은 중세로 이어져서 급기야는 보편논쟁을 야기했다. 그러다가 근대에 들어서서 데카르트, 로크, 버클리, 흄, 칸트, 피히테와 같은 철학자들도 이 문제를 논의하는데, 이런 점들로 볼 때 세계의 존재에 대한 관념론과 실재론의 논쟁은 서양철학사를 관통하는 주요문제였다고 할 수 있다.

그러나 이 문제에 대한 관념론자와 실재론자의 논쟁은 잘못된 것이다. 쇼펜하우어는 이들의 논쟁은 모두 주관과 객관 사이에 인과관계를 적용하기 때문에 일어나는 오류일 뿐이라고 지적한다. 쇼펜하우어는 이 점에 대해 다음과 같이 강조한다. "따라서 이러한 객관과 주관은 벌써 최초의 제약으로 모든 경우의 인식에, 그러므로 근거율에 대해서도 선행하는 것이다. 왜냐하면 이러한 근거율은 단지 모든 형식의 객관일 뿐이고, 객관이 현상하는 보편적인 방법과 방식일 뿐이기 때문이다. 그러나 객관은 항상 이미 이러한 주관을 전제로 한다. 그렇기 때문에 이 둘 사이에는 원인과 결과의 관계가 존재할 수 없는 것이다."[15]

주관과 객관은 서로에게 필요한 '필연적인 상관개념'[16]이지만 결코

---

mus)과 선험적 실재론(transzendentaler Realismus)으로 구분한다.
15 W1, 44(57)쪽. 쇼펜하우어에 따르면 관념론자와 실재론자의 주장은 어느 쪽도 자신들의 주장을 증명할 수 없으므로 이들은 회의론자의 비판을 피할 수 없었다.
16 W1, 44(57)쪽.

인과적으로 연결된 것이 아니라는 점이 쇼펜하우어의 주장이다. 이 점은 앞서 언급한 주관의 역설적인 특징 속에서도 드러난다. 왜냐하면 주관은 사물을 인식하지만 결코 그 자신은 인식되지 않는 존재이기 때문이다. 주관 자체는 인식될 수 없기 때문에 인식에 적용되는 인과율을 주관의 영역에까지 적용할 수는 없는 것이다.[17]

쇼펜하우어에 따르면 외부세계의 실재성에 대한 논의에서 나타나는 근본적인 문제는 객관과 표상을 서로 다른 것으로 생각하기 때문에 생겨난다. 사람들은 객관 자체가 주관과 관계하여 표상을 만들어낸다고 생각한다. 그러나 앞서 말했듯이 객관과 주관은 인식에서 필연적인 상관개념이기 때문에 주관과 독립된 객관 자체는 존재하지 않고 객관이 바로 표상이라는 것을 인정해야만 한다.[18] 그러나 사람들은 표상으로서의 객관을 넘어서 객관 자체의 존재를 가정하면서 오류를 범한다. 이것은 근거율을 잘못 사용할 때 일어난다. 이 점에서 쇼펜하우어는 다음과 같이 말한다. "비록 근거율은 어떤 종류의 것이든 모든 표상들을 서로 연결시켜주지만, 그렇다고 표상을 주관과 연결시키거나 또는 주관도 아니고 객관도 아닌 것과 연결시키는 것은 불가능하고 오직 객관이라는 근거와 연결시킬 수 있을 뿐이다."[19]

주관과 객관은 각각 상대방의 존재근거가 될 수 없으므로 관념론과 실재론의 논쟁은 주관과 객관의 관계를 왜곡하는 것이라고 할 수 있다. 그러나 쇼펜하우어에 따르면 이러한 지적은 관념론과 실재론의 극단적

---

17 쇼펜하우어에 따르면 외부세계의 실재성에 대한 이러한 논쟁은 사실 근거율의 타당성을 주관에까지도 잘못 적용하는 데서 비롯된다. W1, 46(59)쪽 참고. 이것은 충분근거율 중에서 '인식의 근거율'과 '생성의 근거율'을 혼동한 결과인 것이다.
18 쇼펜하우어는 표상이 단지 서로 독립된 주관이나 객관이 아니라 이 양자가 모두 포함된 것이라고 설명한다. W1, 46(59)쪽 참고.
19 W1, 46(59)쪽.

인 주장을 논박할 수는 있지만 주관과 객관의 관계를 근본적으로 해결하지는 못한다. 쇼펜하우어는 이러한 문제를 해결하려는 새로운 경향으로 셸링의 동일철학을 언급한다. "우리 시대에 일반적으로 알려진 동일성철학은, 이 철학이 객관이나 주관을 최초의 출발점으로 받아들이지 않고, 오로지 제3의 것인 이성적 직관(Vernunft-Anschauung)을 통해 인식될 수 있는 절대자, 즉 객관도 아니고 주관도 아닌 이 양자가 합일된 것을 출발점으로 받아들이는 한에서는, 앞서 말한 대립으로 파악되지 않는 것으로 간주할 수 있을 것이다."[20] 그러나 쇼펜하우어는 이러한 언급에도 불구하고 동일철학이 주관과 객관 사이의 관계에 대한 논의에서 생겨나는 외부세계의 실재성에 대한 문제를 근본적으로 해결하지 못한다고 평가한다.[21]

그런데 쇼펜하우어에 따르면 우리가 주관과 객관 사이의 관계에 대해서 논의할 때 생각해볼 것이 있는데, 그것은 우리가 과연 꿈과 현실 사이를 어떻게 구분할 수 있는가의 문제이다. 칸트의 경우에는 인과법칙의 적용가능성에 의해서 꿈과 현실을 구분할 수 있다. 즉 우리는 꿈에 대해서는 인과법칙을 적용할 수 없지만 현실에 대해서는 인과법칙을 적용할 수 있기 때문에 이 둘을 구분할 수 있다는 것이다. 이와 달리 쇼펜하우어는 꿈에 대해서도 현실만큼이나 인과법칙을 적용할 수 있다고 생각한다. 여기에서 꿈과 현실의 세계를 구분할 좀 더 확실한 기준이 필요하다. 더군다나 쇼펜하우어에 따르면 꿈과 현실의 사이에 인과법칙을 적용할 수 없기 때문에 이 두 세계를 서로 구분하는 것조차 쉬운 일이 아니다. 단지 우리는 우리가 잠에서 깨어 있다고 생각하면서

---

20 W1, 60(75)쪽.
21 W1, 60(75)쪽 참고.

꿈과 현실을 구분할 뿐이다. 그러나 우리는 이러한 깨어 있음이 꿈과 현실을 어떻게 구분하는지에 대해서는 명확하게 답변할 수 없다.

쇼펜하우어에 따르면 세계의 존재에 대한 논의는 실재론과 관념론의 입장에서뿐만 아니라 유물론의 입장에서도 나타난다. 우리는 앞에서 주관에 의존하지 않는 객관의 존재, 즉 객관 자체에 대해서 논의했는데, 유물론은 바로 주관에 의존하지 않는 객관의 세계를 강조하는 철학이다. 유물론은 우리의 주관이 갖는 인식형식들까지도 객관이 본래 지닌 것이라고 생각한다. 즉 사물들의 존재는 인식주관인 우리가 관여하지 않고도 스스로 특정한 시간과 공간을 지니며 그 속에서 인과관계를 형성한다는 것이다. 쇼펜하우어에 따르면 유물론은 사물 자체가 인과법칙을 갖고 있는 원리이다.[22] 유물론은 모든 존재를 물질로 규정하고, 이러한 물질은 그 자체로 세계를 구성한다고 주장하며, 나아가서 우리 인간의 존재도 이러한 물질로 간주한다. 따라서 유물론은 인식주관의 모든 활동이 단지 물질 자체의 작용일 뿐이라고 생각한다. 그러나 쇼펜하우어에 따르면 이러한 유물론의 입장은 "사실은 우리가 사물을 표상하는 주관, 즉 사물을 보는 눈, 사물을 느끼는 손, 사물을 인식하는 오성으로 사유한 것일 뿐"[23]이다. 쇼펜하우어는 이러한 유물론의 문제점을 다음과 같이 요약하여 설명한다. "유물론은 이러한 사물을 그 자체로 절대적으로 존재하는 것으로 여기고, 유기적인 자연이나 인식하는 주관까지도 이러한 사물로부터 생겨나게 하여, 이를 통해서 사물을 완벽하게 설명하려고 한다. 그러나 실제로는 모든 객관적인 것은 이미 그

---

22 W1, 61(78)쪽 이하 참고.

23 W1, 62(79)쪽. 쇼펜하우어는 여기에서 다음과 같이 말한다. "[…] 유물론이 지닌 근본적인 불합리성은 이러한 유물론이 객관적인 것을 출발점으로하여 객관적인 것을 궁극적인 설명의 근거로 삼는다는 데 있다." 같은 곳.

자체로 인식하는 주관을 통해 인식의 여러 형태들로서 다양하게 제약
을 받고, 그것들을 전제로 삼기 때문에, 만약 여기에서 주관이 없다고
생각한다면 그 객관들은 완전히 사라져버릴 것이다. 그렇기 때문에 유
물론은 우리에게 직접적으로 주어진 것을 간접적으로 주어진 것으로
설명하려는 하나의 시도일 뿐이다."[24]

4. 표상세계와 지성의 한계

쇼펜하우어는 표상세계가 주관과 객관의 긴밀한 연관관계에 의해서 생
겨난다는 것을 강조한다. 인식주관과 인식객관의 만남은 숙명적인 것
인데, 이들의 만남이 가져다주는 세계가 표상으로서의 세계인 것이다.
그러나 쇼펜하우어는 이처럼 우리의 눈앞에 펼쳐진 표상세계를 주장하
면서도 표상세계의 한계에 대해서 지적한다. 쇼펜하우어는 『의지와 표
상으로서의 세계』 7장에서 처음으로 표상세계의 한계를 언급한다. 비
록 우리가 주관과 객관의 긴밀한 관계를 통해서 세계를 표상으로서 파
악한다는 사실에 동의한다고 해도 시간과 공간 그리고 인과율에 의해
서 파악되는 표상세계는 "세계의 유일한 측면이 아니라 단지 한 측면,
즉 세계의 외적인 측면일 뿐"[25]이라는 지적이다.

쇼펜하우어는 피히테를 비판하면서 표상세계의 유한성을 간접적으
로 드러낸다. 그에 따르면 피히테는 진정한 철학적 진리를 추구하려는
'진지함'을 지니지 않았으며, 위대한 고대 그리스의 철학자 플라톤이

---

24 W1, 62(80)쪽 이하. 쇼펜하우어에 따르면 유물론자들의 주장을 비판할 수 있는
궁극적인 논리는 '주관없는 객관은 없다'라는 주장이다. W1, 65(83)쪽 참고. 이 주장
은 칸트가 『순수이성비판』에서 강조하는 것이다.
25 W1, 67(85)쪽.

철학의 진정한 출발점으로 제시했던 '경이로움'(thaumazein)을 이해
하지 못했다. 눈앞에 펼쳐진 모든 사물들의 존재에 대한 관심, 이 모든
존재가 왜 생겨나고 왜 소멸하는지에 대한 관심, 이러한 사물들의 생성
과 소멸 속에서 존재하는 우리 인간의 존재에 대한 근원적인 물음들,
우리가 이러한 상황에 처하게 될 때 다가오는 경이로움의 감정, 그것은
플라톤에게 진정한 철학의 출발점이었다. 쇼펜하우어는 플라톤이 말한
이러한 경이로움을 어떻게 받아들이는가에 따라서 진정한 철학자와 그
렇지 않은 철학자가 구분된다고 생각한다. 진정한 철학자는 경이로움
의 감정을 오로지 세계의 근원적인 본질을 통찰하려는 열망 속에서 느
껴야만 한다. 그러나 피히테는 이러한 감정을 단지 "눈앞에 있는 시스
템"[26](ein vorliegendes System) 속에서만 찾으려 했을 뿐이다.

  쇼펜하우어에 따르면 피히테는 칸트가 『순수이성비판』에서 제시하
는 주장의 의미들을 이해하지 못했다. 쇼펜하우어는 만약 피히테가 칸
트의 주장을 올바르게 이해했더라면 그는 결코 세계에 대한 피상적인
설명에 사로잡히지 않았을 것이라고 지적한다. 쇼펜하우어에 따르면
『순수이성비판』에서 칸트가 제시하려는 근본적인 주장은 다음과 같다.
"모든 스콜라철학이 말하는 것처럼 결코 근거율은 영원한 진리가 아니
라, 즉 모든 세계의 안과 바깥 그리고 전체 세계에 대해 전적으로 통용
되는 것이 아니라 공간과 시간의 필연적인 연관관계, 인과법칙이나 인
식근거의 법칙으로 나타나기 때문에 오로지 상대적이고 제한된 현상에
서만 적용되는 것이다. 그러므로 세계의 내적 본질인 물자체는 근거율
을 단서로 발견할 수 있는 것이 아니고, 이 명제가 나타내는 것들 모두
는 항상 그 자신이 다시 상대적이면서 의존적이기 때문에 현상일 뿐 물

---

26 W1, 68(87)쪽.

자체는 아니다."[27]

그런데 여기에서 쇼펜하우어가 우리가 세계를 현상으로서 인식할 뿐 세계의 내적인 본질을 인식할 수 없다고 생각하는 이유는 무엇인가? 그 것은 주관과 객관 사이에는 근거율을 적용할 수 없다는 데서 찾아볼 수 있다. 근거율은 단지 객관들 사이에만 적용할 수 있기 때문이다. 비록 근거율은 주관에 그 기원을 두지만 이것은 주관과 객관 사이에 적용되는 것이 아니라 객관들 사이에 놓인 관계를 규정하는 형식이기 때문이다. 쇼펜하우어에 따르면 피히테는 주관과 객관 사이에서 주관을 객관의 근거로 정립하는 오류를 범한다. 피히테는 그의 『지식학』에서 주관이라고 할 수 있는 자아(Ich)에 의해서 비아(Nicht-ich)가 제약되며, 이러한 자아의 정립에 대해서 비아도 자신을 반정립하지만 이러한 비아의 반정립은 다시 절대적 자아에 의해서 지양된다고 주장한다. 피히테는 이러한 비아의 저항을 넘어서 자신의 존재를 정립하는 자아의 사행(Tathandlung)을 적극적으로 강조하면서 주관에 의한 객관의 구성을 언급한다. 그러나 이러한 피히테의 주장은 다른 철학자들, 예를 들면 유물론자가 객관에서 출발하여 주관을 제약하려는 독단적인 태도와 다를 바가 없다. 이 점에 대해 쇼펜하우어는 다음과 같이 말한다. "그러므로 근본적으로는 아무것도 변한 것이 없고, 여기에서 객관과 주관을 또다시 원인과 결과의 관계로 받아들이는 이전부터의 근본적인 오류는 계속 남게 된다."[28] 쇼펜하우어에 따르면 피히테가 오류를 범하는 근본적인 이유는 스콜라철학자들처럼 근거율을 절대적인 진리, 즉 영원의 진리(aeternae veritates)라고 단정하기 때문이다.

---

27   W1, 69(87)쪽.

28   W1, 69(88)쪽.

쇼펜하우어는 주관과 객관 사이의 관계를 올바르게 논의하기 위해서 다음과 같이 강조한다. "비록 단순한 객관이라고 하더라도 우리가 객관을 설정함과 동시에 주관도 설정된다는 사실을 유물론이 간과했던 것처럼, 객관 없이는 주관도 생각할 수 없다. 따라서 피히테는 주관과 — 그가 이러한 주관을 어떤 이름으로 부르든지 상관없이 — 더불어 객관도 설정된다는 것뿐 아니라 모든 선험적인 추론, 즉 모든 논증들이 필연성에 근거하며 모든 필연성은 오로지 근거율에 근거한다는 점을 간과한다. 여기에서 필연적이라는 것과 주어진 근거에서 결과가 생겨나온다는 것은 단지 하나의 상관개념(Wechselbegriffe)일 뿐이다. 그러나 근거율은 객관 그 자체의 보편적인 형식일 뿐이므로 이미 객관을 전제로 하지만, 그렇다고 결코 객관 이전에 또는 객관 외부에 적용되어 객관을 가져오거나 근거율의 입법(Gesetzgebung)에 의해서 객관을 생겨나게 할 수는 없다."[29]

여기에서 쇼펜하우어의 인식론적 입장을 정리하면 다음과 같다. 첫째, 세계를 인식하는 것은 관념론자들이 주장하는 것처럼 단지 주관에서 출발하는 것이 아니라는 점이다. 둘째, 세계의 인식은 그렇다고 유물론자들이나 실재론자들이 주장하는 것처럼 단지 객관에서 출발하는 것이 아니라는 점이다. 쇼펜하우어의 인식론은 우리의 인식이 표상에서 출발한다는 점을 강조한다. 쇼펜하우어에 따르면 표상은 주관으로부터 독립된 것도 아니고, 그렇다고 객관으로부터 독립된 것도 아니다. 또한 표상은 주관에 의해서만 생겨나는 것도 아니고, 객관에 의해서만 생겨나는 것도 아니다. 정확히 말하자면 이미 표상은 주관과 객관이 결합된 상태라고 할 수 있다. 이러한 표상의 구성요소인 객관은 네 가지

---

29 W1, 71(89)쪽 이하.

의 부류로 구분되는데, 이러한 네 가지 부류의 객관을 각각 연결시키는 것이 근거율이다.

그러나 이러한 쇼펜하우어의 주장에서 생겨나는 의문은 표상개념의 애매성이다. 특히 객관과 표상의 구분이 어떻게 다른가에 대해서 물음을 제기할 수밖에 없다. 쇼펜하우어는 표상이 이미 주관과 객관의 결합을 전제한다는 사실에서 표상과 객관을 구분하지만, 우리는 이러한 표상세계가 존재하는 근거를 묻는다면 애매하게 답할 수밖에 없을 것이다. 표상세계는 그 자체로 존재하는 것도 아니고, 그렇다고 주관에 의해서 만들어진 것도 아니며, 또한 객관에 의해서만 존재하는 것도 아니기 때문이다. 여기에서 우리가 말할 수 있는 것은 표상세계는 주관과 객관의 결합을 전제로 해서 만들어진 세계일 뿐이라는 점이다. 이것은 표상세계의 존재근거가 주관에 있는 것도, 객관에 있는 것도 아니라는 점을 의미한다.

우리는 이러한 표상세계의 존재에 의문을 품을 수 있을 것이다. 쇼펜하우어 자신도 표상세계의 애매한 존재근거를 의식하면서 표상세계의 '상대성'에 대해서 언급한다. 표상세계의 상대성은 우리로 하여금 세계의 본질에 대한 논의를 다른 측면에서 전개하도록 요구한다. 쇼펜하우어는 다음과 같이 말한다. "이와 같이 표상으로서의 세계가 그것의 가장 보편적인 형식(주관과 객관)에서 보거나 이러한 형식에 종속된 형식(근거율)에서 보더라도 전체적이면서 일반적으로 상대성을 띤다는 사실은 이미 말했듯이, 우리에게 세계의 가장 심오한 본질을 표상과는 완전히 다른 세계의 측면에서 찾도록 하며, 이러한 측면은 제2권에서 모든 생명체를 통해 확실한 사실로 증명될 것이다."

4
쇼펜하우어의 존재론

Schopenhauer

1. 세계와 의지

세계는 무엇인가? 앞에서 언급한 인식론적 관점에서 보면 세계는 표상
세계일 뿐이다. 쇼펜하우어에 따르면 우리가 우선적으로 경험하는 세
계는 표상세계이다. 표상세계는 주관과 객관이 관계하는 것을 전제로
한다. 그러나 표상세계는 단지 우리의 '눈앞에' 드러나는 세계의 한 측
면에 불과하다는 것이 쇼펜하우어의 주장이다. 비록 우리는 표상세계
를 충분근거율의 다양한 의칙에 의해서 파악할 수 있지만 이러한 세계
는 우리에게 그냥 스쳐지나가는 세계일 뿐이다. 이것은 마치 우리가 처
음 만난 사람을 그 사람의 외모와 몇 마디 나눈 대화를 통해서 그 사람
을 평가했다가 나중에 지속적으로 이 사람을 만나면서 그 사람에 대한
평가가 완전히 달라질 때의 경우와 마찬가지이다. 세계를 단지 표상으
로서 파악하는 것은 마치 우리가 사물의 그림자만을 보고서 그 사물에
대해서 언급하는 것과 같은 것이다. 이런 이유에서 쇼펜하우어는 표상
세계의 상대성과 유한성을 언급한다.

　쇼펜하우어에 따르면 우리가 엄밀한 사실에 관한 학문이라고 생각하

는 수학과 과학에서도 세계의 본질에 대한 올바른 논의를 제공하지 못한다. 쇼펜하우어는 수학에 대해서 다음과 같이 평가한다. "수학은 수량과 용량을 정확하게 언급한다. 그러나 이것은 항상 상대적일 뿐이기 때문에, 즉 하나의 표상과 다른 표상의 비교이고 그것도 단순하게 크기만을 고려할 뿐이기 때문에, 우리가 중요하게 찾는 정보는 아니다."[1] 수학에 대한 이러한 쇼펜하우어의 언급은 수학 자체뿐만 아니라 수학이라는 학문을 모범으로 삼아서 철학을 정초하려 했던 이전 철학자들, 특히 데카르트와 칸트의 철학에 대한 비판을 의미하기도 한다.

쇼펜하우어는 자연과학에 대해서도 부정적인 평가를 피력한다. 그에 따르면 자연과학은 다양한 종류가 있지만 그것을 원인학(Ätiologie)이라고 부를 수 있다.[2] 쇼펜하우어는 원인학의 특징을 다음과 같이 설명한다. "[…] 원인학은 인과법칙에 의해서 사물의 어떤 특정한 상태가 다른 상태를 초래한다는 것을 우리에게 알려준다. 이로써 원인학은 자신의 의무를 다한다. 그러나 이러한 원인학도 결국 상태들이 시간과 공간 속에서 나타날 때 따르는 법칙적인 질서를 증명하고, 모든 경우에 어떤 현상이 이 시간과 장소에서 필연적으로 나타날 수밖에 없는가를 가르치는 것에 불과하다. 그러므로 원인학은 경험이 그 법칙의 내용을 가르쳐주는 어떤 법칙, 다시 말해 그것의 일반적인 형식과 필연성은 그 경험과는 무관하게 우리에게 의식되는 어떤 법칙에 따라 그 상태들에게 시간과 공간 속에서의 위치를 지정해준다. 그러나 우리는 이것만으로는 현상의 내적인 본질에 대해서 어떤 해명도 제공하지 못한다."[3]

1 W1, 152(182)쪽.
2 물론 쇼펜하우어는 자연과학이 원인학 이외에 형태학(Morphologie)으로 구성된고 말한다. W1, 152(182)쪽 참고.
3 W1, 153(184)쪽 이하.

쇼펜하우어에 따르면 자연과학의 특징인 원인학은 표상세계를 원인과 결과의 결합으로 설정하고 이들 사이에 놓인 변화관계를 가르치는 것인데, 이것은 단지 표상세계에 대한 하나의 '설명'일 뿐이다.[4] 이러한 설명은 표상세계 너머의 존재를 우리에게 드러내줄 수 없다. 여기에서 쇼펜하우어는 다음과 같이 말한다. "따라서 전체자연에 대한 원인학적인 완전한 설명은 결국 설명할 수 없는 힘들의 목록일 뿐이고, 이러한 힘들의 현상들이 시간과 공간 속에서 뒤이어 일어나 서로 자리 잡는 규칙을 분명하게 알리는 것 이상이 될 수 없다. […] 원인학적 설명은 나타내는 힘들의 내적인 본질을 언제까지나 설명하지 못한 채 그냥두고, 그러한 현상과 그것의 질서에 대한 설명으로 만족할 수밖에 없다."[5]

쇼펜하우어는 우리가 이러한 자연과학적 설명에 만족할 수 없다는 점을 강조한다. 자연과학은 충분근거율이라고 불리는 법칙에 의해서 표상들 사이의 관계를 적극적으로 설명하려고 하지만 우리의 관심은 표상 너머에 있는 존재로 향하기 때문이다. 쇼펜하우어는 여기에서 자연과학적 설명의 한계를 다시 한 번 다음과 같이 비판한다. "따라서 원인학은 우리가 표상으로서 인식하는 현상들에 대해 바라는 것 이상으로 결코 설명해주지 못한다. 왜냐하면 우리가 현상에 관한 모든 설명을 들은 후에도 그 현상들은 여전히 그 의미를 이해할 수 없는 단순한 표상으로 완전히 낯설게 우리 앞에 존재하기 때문이다. 인과적인 연결은 단지 시간과 공간 속에서 나타난 현상들의 규칙과 상대적인 질서만을 알려줄 뿐이고, 현상하는 것을 보다 상세하게 우리에게 알려주지 않는

---

4 원인학으로서의 자연과학의 특성을 '설명'이라고 규정하는 쇼펜하우어의 입장은 이해를 중심으로 하는 정신과학과 달리 자연과학의 특징을 '설명'이라고 규정하는 딜타이의 입장과 유사성을 지닌다.

5 W1, 155(185)쪽.

다. 더구나 인과성의 법칙 그 자체는 어떤 특정한 종류의 표상이나 객관에만 타당할 뿐이고 그러한 표상이나 객관을 전제로해서만 의미를 갖는다. 그렇기 때문에 인과법칙은 이들 객관 자체와 마찬가지로 언제나 주관과 관계를 가질 경우에 제한적으로 존재하는 것이다."[6]

쇼펜하우어에 따르면 우리는 자연과학적 설명을 넘어서서 세계에 대한 근원적인 통찰을 갈망한다. 충분근거율에 의해서 주어지는 사물들의 질서와 형식들은 결코 세계의 근원으로 향하는 우리의 갈망을 해소해주지 못한다. 마치 오래전에 고향을 떠나 타향에서 좋은 조건 속에서 살아가지만 마음 깊은 곳에서는 항상 자신의 고향을 그리는 사람처럼, 우리는 비록 표상세계 속에서 다양한 학문과 지식을 얻으며 살아가지만, 이 모든 것들이 단지 상대적이라는 사실을 점점 깨닫고 표상세계의 존재방식에 실망하게 되는 것이다. 여기에서 생겨나는 공허함은 "마치 성의 주변을 돌아다니면서도 입구를 찾지 못하는 것"[7]과 같다.

쇼펜하우어는 여기에서 세계의 본질을 고찰하면서 우리로 하여금 전혀 다른 시선을 갖기를 요구한다. 그러한 시선은 세계를 표상으로서 평가하는 것을 해체하는 형이상학적 시선이다. 우리는 이러한 시선의 출발점을 쇼펜하우어의 다음과 같은 언급에서 확인할 수 있다. "[…] 학문이 전제로 간주하고 그러한 설명의 근거로 파악하며 한계로 설정하는 것이야 말로 철학 본래의 문제이며, 따라서 그런 한에는 학문이 끝나는

---

6 W1, 155(186)쪽. 슈피어링에 따르면 이러한 쇼펜하우어의 언급은 19세기에 널리 전개된 반형이상학적 태도에 대한 비판으로 이해할 수 있다. Volker Spierling, *Arthur Schopenhauer. Eine Einführung in Leben und Werk*, Frankfurt am Main, 1998, 111쪽 참고.

7 W1, 156(187)쪽. 쇼펜하우어에 따르면 지금까지의 철학자들의 작업은 이처럼 공허한 것이었다.

곳에서 철학이 시작되기 때문이다."[8] 쇼펜하우어는 이러한 세계에 대한 새로운 시선을 자신의 철학이 가져다줄 수 있다고 생각한다.

이러한 쇼펜하우어의 언급에서 우리는 그가 학문과 철학, 즉 형이상학을 엄격하게 구분한다는 것을 알 수 있다. 물론 쇼펜하우어가 학문과 철학의 유기적인 관계를 전적으로 부정하는 것은 아니다. 그러나 쇼펜하우어는 학문으로서의 철학, 학문으로서의 형이상학을 구축하려고 했던 이전의 철학자들과는 분명하게 거리를 둔다. 예를 들면 칸트는 그의 『순수이성비판』에서 학문으로서의 형이상학을 구축하려고 했는데, 이러한 칸트의 작업은 특수형이상학(metaphysica specialis)과 일반형이상학(metaphysica generalis)을 구분하는 것에서 잘 드러난다. 그러나 쇼펜하우어에 따르면 이러한 학문으로서의 철학은 결코 우리 앞에 펼쳐진 세계라는 수수께끼를 풀어나가기에는 부족하다.

쇼펜하우어는 표상 너머에 있는 근원적인 세계의 존재를 논의하기 위해서 칸트의 현상과 물자체라는 개념을 끌어들인다. 칸트에게 현상세계는 자연과학과 개별학문이 앎을 구축하는 대상이다. 우리는 이러한 현상세계에서 보편타당한 앎을 구성할 수 있다. 쇼펜하우어에게 이러한 현상세계는 충분근거율에 의해서 설명되는 표상세계이다. 그러나 칸트는 현상세계와는 다른 사물 자체의 세계, 즉 물자체의 세계를 상정한다. 칸트에 따르면 우리는 물자체의 세계에 대해서 앎을 요구할 수는 없다. 왜냐하면 현상세계에서 지식을 형성하는 직관과 범주는 결코 물자체의 세계에 적용될 수 없기 때문이다. 그럼에도 불구하고 칸트는 앎

---

8 W1, 134(163)쪽. 그러나 쇼펜하우어에 따르면 이러한 철학은 기존의 철학과는 구분되는 것이어야 한다. 그는 기존의 철학을 다음과 같이 비판한다. "최소한 현재의 철학은 결코 세계가 어디에서 유래했는지 그리고 어디로 향하는지를 찾는 것이 아니라, 단지 세계가 무엇인지를 찾을 뿐이다." W1, 135(163)쪽.

의 대상이 아니라 도덕과 형이상학의 영역으로서의 물자체의 세계를 인정해야 한다고 역설한다. 쇼펜하우어가 말하는 표상 너머의 세계는 칸트가 현상세계 너머에 상정하는 물자체의 세계에 비유할 수 있을 것이다. 그러나 쇼펜하우어는 이러한 세계를 의지(Wille)라고 부른다.

2. 신체와 의지

쇼펜하우어는 표상세계 너머에 있는 의지세계에 대해서 언급하지만 이에 대한 논의는 아주 조심스럽게 행해진다. 앞에서 살펴보았듯이, 쇼펜하우어는『의지와 표상으로서의 세계』1권에서 세계를 표상으로서 파악하는 것이 지닌 다양한 인식론적인 의미들을 기술하였다. 그는 이어서 이 책의 2권에서 의지로서의 세계에 대한 고찰을 전개한다. 그러나 이러한 고찰은 단지 표상세계에 대립하는 것으로서의 의지세계를 형식적으로 제시하는 것을 의미하지 않는다. 그가 의지세계를 고찰하는 이유는 표상세계 옆에 서 있는 의지세계가 아니라 세계를 표상으로서 파악하는 것이 지니는 상대성과 유한성을 전적으로 자각하고 세계를 그의 본질적인 측면에서 고찰하고자 하는 것이다. 즉 표상세계에서 의지세계로 논의를 전개해가는 것은 세계의 본질에 대한 보다 근원적인 통찰로 이해해야 한다.

쇼펜하우어는『의지와 표상으로서의 세계』1권에서 주관으로서의 인간이 세계와 관계하면서 세계는 표상으로서 존재한다고 보았다. 세계를 표상으로 인식할 때 중요한 것은 인간을 하나의 인식주관으로서 규정하는 것이었다. 쇼펜하우어는 표상세계 너머에 대해 논의하기 위해서 이제 인간을 인식주관으로서가 아니라 다른 방식으로 파악해야 한다는 점에 주목한다. 이것은 세계의 본질에 대한 물음은 인간에 대한 물음과 연결된다는 쇼펜하우어의 기본적인 입장에서 비롯된다고 볼 수 있다. 쇼펜하우어는 다음과 같이 말한다. "연구자 스스로가 단지 인식하는 주관(몸은 없고 날개만 있는 천사의 머리)에 불과하다고 한다면, 오로지 나의 표상과 마주하여 존재하는 세계의 의미를 탐구하거나 단순한 표상으로서의 세계에서 그것이 아닐 수도 있는 세계로 넘어가는 것은 결코 불가능할 것이다."[9] 쇼펜하우어는 표상세계 너머에 있는 세계를 이제 의지라고 부르는데, 의지세계는 '인식주관'에게 아주 낯선 것으로 다가온다. 그러나 이러한 낯섦에도 불구하고 그는 이 의지라는 것이 세계라는 현상의 본질을 우리에게 드러낸다고 확신한다.

쇼펜하우어는 의지세계를 파악하는 것이 우리가 표상세계를 경험하는 것과는 완전히 다른 것이라고 생각한다. 표상세계는 오로지 우리의 지성을 통해서 파악하는 세계이다. 우리는 인식주관으로서 네 가지 형태의 충분근거율을 통해서 세계를 표상으로서 파악할 수 있었다. 그러나 의지세계에서는 근거율을 적용시킬 수 없다. 왜냐하면 근거율은 주관과 마주하는 객관의 세계, 즉 표상세계에만 적용할 수 있기 때문이다. 우리에게 표상세계에 대한 명확한 앎과 형식을 제공하는 충분근거율은 결코 표상세계를 넘어서는 적용할 수 없다. 따라서 우리는 표상세계 너머에 대해서 논의하기 위해서 전혀 다른 실마리를 찾아야 한다.

쇼펜하우어는 이러한 실마리가 바로 우리의 '신체'(Leib)라고 말한다. 그는 세계를 의지로서 파악하기 위해서는 이제 우리를 인식주관이 아니라 하나의 신체로서 파악할 것을 요청한다. 우리는 이 신체에 대한 논의를 통해서 표상세계에 고정된 시선을 벗어나서 의지세계로 향할 수 있다는 것이다. 여기에서 우리가 유의해야 할 것은 신체가 곧 의지

---

9 W1, 156(187)쪽.

라는 것을 의미하지는 않는다는 점이다. 쇼펜하우어가 주목하는 것은 우리가 의지 자체를 직접적으로 인식할 수 없다는 점인데, 이것은 우리가 신체를 통해서 의지세계를 '간접적으로' 인식할 수 있다는 것을 의미한다. 쇼펜하우어는 다음과 같이 말한다. "결국 나의 의지에 대한 인식은 궁극적으로 나의 신체 인식과 구분되어서는 안 된다. 나는 나의 의지를 본질적으로 전체 속에서, 통일성으로서 완전하게 인식하지 못한다. 오히려 나는 의지를 오로지 신체의 개별적인 행위 속에서, 각각의 객관처럼 나의 신체 현상의 형식인 시간 속에서 인식한다."[10]

쇼펜하우어의 철학에서 신체라는 용어는 아주 중요하다. 그에 따르면 우선적으로 신체는 표상세계를 대상으로 하는 인식주관에게는 하나의 표상으로서 나타난다. 인식주관으로서 우리는 우리의 신체를 — 비록 자신의 고유한 신체라고 할지라도 — 하나의 객관으로서 그리고 근거율에 지배되는 것으로서 간주한다. 그러나 이러한 방식으로 신체를 이해하는 것을 통해서는 결코 표상세계 너머의 존재에게로 다가갈 수 없다. 신체에 대한 이러한 이해는 이미 데카르트가 신체의 본성을 단지 연장(res extensa)으로서 규정하는 태도에서 잘 드러난다. 여기에서 신체는 정신 또는 주관에게 하나의 대립물로서 존재할 뿐이었다. 쇼펜하우어는 이제 신체에 대한 새로운 해석을 전개해야 한다고 주장한다.

신체에 대한 우리의 전통적인 이해는 인간의 본질을 이루는 영혼과 대립하는 것으로 규정하는 것이었다. 인간의 본질을 불멸하는 영혼으로 규정하는 소크라테스에서부터 중세를 거쳐 근대철학자들에게 이르기까지 신체 또는 육체는 영혼의 무덤으로 이해되었다. 그러나 이와 달

---

10 Arthur Schopenhauer(hrsg. v. V. Spierling), *Metaphysik der Natur*, München, 1987, 76쪽. 쇼펜하우어는 여기에서 의지는 신체의 선험적 인식이고 신체는 의지의 후천적 인식이라고 부른다. 같은 책 77쪽 참고.

4. 쇼펜하우어의 존재론 83

리 쇼펜하우어는 신체의 역할을 아주 중요하게 생각한다. 신체의 중요
성을 강조하는 쇼펜하우어는 여기에서 정신과 물질의 이원론에 사로잡
힌 데카르트적인 인간이해의 방식을 거부한다. 특히 그는 인간의 육체
를 물질로 규정하는 데카르트의 입장을 해체하고자 한다. 쇼펜하우어
에 따르면 데카르트는 명석판명한 앎의 출발점에 대해서 적극적인 관
심을 가졌지만, 그러한 앎을 가능하게 하는 궁극적인 출발점으로서의
인간에 대한 존재론적 성찰을 전혀 제시하지 않았다. 존재의 세계를 단
지 사유와 연장이라는 배타적인 도식으로 파악하는 데카르트의 철학은
인간의 신체에 대한 존재론적인 논의를 전개할 수 없다고 생각한다. 데
카르트에게 세계의 본질을 설명해줄 수 있는 유일한 통로는 사유하는
실체로서의 자아일 뿐이다.

쇼펜하우어는 신체가 의지세계를 설명하는 열쇠라고 주장한다. 왜냐
하면 그는 우리가 스스로 경험하는 신체작용이 바로 의지작용이라고
생각하기 때문이다. 쇼펜하우어는 이러한 확신을 다음과 같이 드러낸
다. "의지작용과 신체작용은 인과성의 고리로 결합되어 객관적으로 인
식된 두 개의 상이한 상태가 아니고, 인과관계에 놓인 것도 아니며, 그
것들은 하나의 동일한 것이 전적으로 상이한 두 가지 방식으로 주어졌
을 뿐이다. 하나는 전적이고 직접적으로 주어지고, 다른 하나는 직관
속에서 오성에 대해서 주어지는 것이다. 신체작용은 객관화된, 즉 직관
속에 나타난 의지작용과 같은 것이다. 그리고 이것은 신체의 모든 운동
에 해당되는데, 이때 단지 동기에 의해서 생기는 운동뿐만 아니라 자극
에 의해서 생기는 자발적이지 않은 운동에도 해당되며, 우리는 신체 전
부가 객관화된, 즉 표상화된 의지임을 알게 될 것이다."[11]

---

[11] W1, 158(188)쪽. 쇼펜하우어는 의지와 신체의 긴밀한 관계를 "의지는 신체의 선
천적 인식이고, 신체는 의지의 후천적 인식"이라고 표현한다. W1, 158(189)쪽.

쇼펜하우어에 따르면 우리는 일상생활에서 신체작용이 의지의 존재를 적극적으로 드러낸다는 것을 알 수 있다. 예를 들면 배고픔을 느낀 경우에 음식물을 섭취하려는 신체의 행위는 배고픔을 벗어나기 위해 음식물을 섭취하려는 한 사람의 의지를 드러내는 행위라고 할 수 있다. 또한 우리는 처음 만난 사람에게 손을 내밀어 악수를 하면서 상대방에 대한 호감을 드러내거나 얼굴의 표정을 통해서 자신의 의지나 감정을 드러내기도 한다. 이처럼 신체의 다양한 행위는 의지의 존재를 드러낸다는 것이다. 쇼펜하우어는 신체와 의지의 동일성을 토대로 해서 세계를 표상으로서가 아니라 의지로서 경험할 수 있다고 주장한다. 쇼펜하우어는 이러한 확신을 다음과 같이 언급한다. "이제 내 신체의 모든 작용이 의지작용의 현상이고, 그러한 의지작용 속에 주어진 동기에서, 의지 자체가 일반적이고 전체로서 나의 성격으로 다시 나타난다면, 내 신체의 모든 작용에 절대적으로 필요한 조건과 전제도 의지현상이어야 한다. 왜냐하면 의지현상은 전적이고 직접적으로 의지만을 통하지 않는 어떤 것, 따라서 의지에 대해서 단지 우연적일지도 모르는 어떤 것, 이를 통해서 의지현상 자체만이 우연적으로 될지 모르는 어떤 것에 종속될 수는 없기 때문이다. 그런데 그러한 조건은 신체 전부 그 자체이다. 그러므로 이러한 신체 전체는 이미 의지현상임에 틀림없는 것이고, 대체로 나의 의지에 대한, 즉 시간 속에서 나타난 나의 경험적 성격인 나의 지적 성격에 대한 신체의 관계는 신체의 개별적인 행위에 대한 의지의 개별적인 행위에 대한 관계와 같다. 그러므로 이러한 의지가 직관적인 객관이고, 첫 번째 부류의 표상인 한에서 밖으로 드러난 나의 의지로서의 신체 전체는 나의 의지 자체임이 틀림없다."[12]

---

12   W1, 166(199)쪽 이하.

그러나 쇼펜하우어는 신체와 의지의 동일성을 인식하는 것이 결코 쉬운 것이 아니라는 점을 강조한다. 이러한 동일성은 그 어떤 인식론적인 설명, 특히 근거율을 적용하여 설명할 수 없기 때문이다. 이 점은 특히 의지세계가 근거율에 의해서 규정되는 표상세계와 다르다는 점에서 어쩔 수 없는 것이다. 쇼펜하우어는 이 점에 대해 다음과 같이 설명한다. "즉 근거율은 어떤 형태를 취하더라도 단지 인식의 형식에 지나지 않으므로 그것의 타당성은 표상이나 현상, 즉 의지가 밖으로 나타난 것에만 영향을 줄 뿐이고, 밖으로 드러나는 이러한 의지 자체에는 영향을 미치지 못하기 때문이다."[13] 쇼펜하우어는 신체가 한편으로는 표상이면서 다른 한편으로는 의지라는 애매한 점을 의식하면서 신체와 의지의 동일성을 파악하는 것을 인식의 문제를 다루는 논리적 진리, 경험적 진리, 선험적 진리, 초논리적 진리와 구별하여 '철학적 진리'라고 부른다.[14]

칸트가 세계를 현상과 물자체를 구분하는 것에 착안하여 쇼펜하우어는 세계를 표상세계와 의지세계로 구분하였다. 우리는 이 점에서 칸트와 쇼펜하우어의 연관성을 생각해볼 수 있을 것이다. 그러나 쇼펜하우어에 따르면 칸트에게는 현상세계와 물자체의 세계 사이의 '인식론적인 단절'이 존재하는데, 그 이유는 우리가 결코 물자체에 대해 알 수 없기 때문이다.[15] 칸트와 달리 쇼펜하우어는 신체를 매개로 해서 의지세계에 대한 논의를 전개할 수 있다고 주장한다. 신체는 전통철학에서처

---

13 W1, 166(199)쪽.
14 W1, 161(192)쪽 참고.
15 쇼펜하우어는 『의지와 표상으로서의 세계』 부록인 '칸트철학비판'에서 현상과 물자체를 구분한 것이 칸트의 위대한 업적이지만 그러한 물자체가 의지라는 것을 알지 못했던 것이 칸트의 철학의 한계라고 비판한다.

럼 정신의 상관개념이나 배타적 개념이 아니라 우리를 의지세계로 이끌어주는 '존재론적인 통로'인 것이다. 이 점에서 쇼펜하우어는 다음과 같이 말한다. "신체작용은 객관화된 직관 속으로 나타난 의지의 행위와 다름없다."[16]

우리는 의지와 신체의 동근원성에 대한 쇼펜하우어의 언급을 그가 베를린대학에서 시도하였던 강연인 "전체철학, 즉 세계와 인간정신의 본질에 관하여"의 '자연의 형이상학' 3장인 '신체와 의지의 동일성에 대한 잠정적인 증명을 통한 문제의 해결'(Lösung des Problems durch vorläufige Nachweisung der Identität des Leibes mit dem Willen)에서 찾아볼 수 있다. 쇼펜하우어에 따르면 "의지와 신체의 동일성은 모든 의지의 격렬하고 과도한 운동, 즉 모든 정서(Affekt), 열정의 폭풍(Sturm)이 전적이고 직접적으로 신체와 그러한 신체의 내적인 충동을 뒤흔들고 그러한 신체의 활력적인 기능들의 진행(Gang)을 방해한다는 사실에서 나타난다."[17]

3. 의지의 객관화와 개체화의 원리

신체를 통해서 표상세계 너머에 의지세계가 존재한다는 것을 주장하는 쇼펜하우어의 입장은 단호하게 말하자면 세계의 본질은 의지라는 것이다. 우리가 세계를 표상으로 파악하는 것은 우리가 우리 자신을 인식주관으로 가정하고 그러한 인식주관과 마주하는 대상으로서 세계를 파악하기 때문이다. 쇼펜하우어는 우리가 우리를 인식주관으로서가 아니라

---

16 Arthur Schopenhauer(hrsg. v. V. Spierling), *Metaphysik der Natur*, München, 1987, 72쪽.

17 Arthur Schopenhauer(hrsg. V. Spierling), *Metaphysik der Natur*, 75쪽.

신체로서 적극적으로 경험한다면, 우리는 우리 자신뿐만 아니라 우리 앞에 펼쳐진 모든 세계가 바로 의지 자체의 드러남이라는 것을 알 수 있다고 주장한다. 쇼펜하우어는 신체가 의지의 드러남이라는 신념 속에서 의지세계에 대한 고찰을 전개한다. 이러한 신체와 의지의 동일성에 대한 통찰은 표상세계란 의지가 자신을 드러낸 세계일 뿐이라는 점을 각성시킨다.

쇼펜하우어에 따르면 세계는 의지, 즉 의지 그 자체의 드러남일 뿐이다. 이처럼 "쇼펜하우어가 이해하는 의지는 하나의 살아 있는 원리(ein vitales Prinzip)이며, 그것은 동물이나 인간처럼 생명력 없는 광물 속에서도 드러나는 삶의 에너지이다."[18] 모든 존재하는 사물들은 그것이 생명체이든 무생명체이든 이러한 의지의 드러남이라는 것이다. 이러한 쇼펜하우어의 주장은 표상세계와 의지세계를 이분법적으로 구분하는 것을 의미하지 않는다. 우리가 우선적으로 인식론적인 관점에서 세계를 표상으로 파악하지만, 쇼펜하우어는 이러한 인식론적인 이해를 피상적인 것으로 생각한다. 이러한 쇼펜하우어의 태도는 그가 세계를 현상과 물자체로 구분하는 칸트의 입장을 비판하는 것에서도 간접적으로 드러난다.

쇼펜하우어는 신체가 의지의 객관성이라는 주장을 바탕으로 존재하는 모든 사물들이 의지현상이라는 점을 주장한다. 『의지와 표상으로서의 세계』 2권의 핵심적인 주장이 바로 이것이다. 여기에서 쇼펜하우어의 다음과 같은 주장에 주목해보자. "말하건데, 나와 함께 이러한 확신을 갖는 사람은 이제 그러한 확신을 모든 현상들로 적용하면서 완전히

---

18 Susanne Möbuß, *Schopenhauer für Anfänger. Die Welt als Wille und Vorstellung*, München, 1998, 82쪽.

스스로 전체 자연의 가장 심오한 본질을 인식하는 열쇠를 갖게되는 셈이다. 이러한 현상들은 자신의 현상처럼 간접적인 인식과 직접적인 인식 속에서 주어진 것이 아니라 오로지 간접적인 인식으로, 단편적인 표상으로서만 주어진 것이다. 그는 자신과 완전히 닮은 현상 속에서뿐만 아니라, 즉 인간과 동물에게서 그 현상의 가장 심오한 본질로서 그러한 의지를 인정할 뿐만 아니라 지속적인 성찰은 식물 속에서 작용하고 존재하는 힘까지도, 그리고 결정이 생기게 하는 힘, 자석을 북극으로 향하게 하는 힘, 이질적인 금속이 부딪쳐 충돌할 때 그에게 전해지는 힘, 물질의 친화력에서 도망치고 잡으며, 분리시키고 합일시키는 것으로 나타나는 힘, 마지막으로 모든 물질에 강력하게 작용하여 돌을 지면으로, 지구를 태양으로 끌어당기는 중력마저도 이 모든 것은 현상의 측면에서는 달라 보이지만, 내적인 본질에서 본다면 같은 것으로 인식되고, 그 자체로 그에게는 전적으로 너무 친밀해서 다른 어떤 것보다 더 잘 알려진 것이며, 그것이 가장 분명하게 드러나는 경우에 그것은 의지라고 불린다."[19]

쇼펜하우어는 세계의 연관성에 대한 이러한 자신의 생각을 '의지의 객관화'라는 용어를 통해서 드러낸다. 우리가 흔히 자연이라고 부르는 세계의 모든 존재들은 의지가 자신을 직접 또는 간접적으로 드러낸 것이다. 인간은 인식을 통해서 세계를 표상으로서 파악하지만, 신체의 입장에서 본다면 세계의 모든 현상들은 의지의 드러남일 뿐이다. 이러한 의지의 객관화는 우리가 표상세계라고 파악하는 것이 실제로는 의지의 드러남임을 말해줄 뿐만 아니라, 나아가서 세계의 모든 사물들이 하나의 동일한 근원에서 비롯된다는 것을 알려준다. 쇼펜하우어에 따르면

---

19 W1, 169(203)쪽 이하.

지금까지의 철학은 이러한 세계에서 작용하는 하나의 원리, 하나의 힘인 의지의 역할을 인정하지 않았다. 이 점에서 쇼펜하우어는 다음과 같이 말한다. "플라톤이 그렇게 자주 지적한 것처럼, 서로 다른 현상들 속에서 동일한 것을 인식하고, 유사한 것 속에서 서로 다른 것을 인식하는 것은 바로 철학을 하기 위한 조건이다. 그러나 이제까지는 자연 속에서 작용하고 영향을 미치는 모든 힘이 같다는 것이 인식되지 않았다."[20] 이렇게 모든 자연의 사물, 자연의 현상 속에서 공통적으로 드러나는 것이 바로 의지 또는 의지의 작용인 것이다.

그런데 여기에서 우리가 주목해야 할 것은 의지의 객관화라는 용어가 단지 의지가 세계에서 단일하게 또는 획일적으로 드러난다는 것을 의미하지 않는다는 점이다. 의지는 자연 속에서 다양한 방식으로 자신을 드러낸다. 우리가 자연을 경험할 때 그것은 서로 유기적인 연관성이 없고 차별적으로 존재하는 것처럼 보인다. 생성과 소멸의 사이에 놓인 존재도 각각 서로 다른 방식으로 나타나는 것처럼 보인다. 어느 날은 바다가 잔잔하다가도, 어느 날에는 거센 폭풍 속에서 거친 파도를 몰아오기도 한다. 어떤 곳에서는 따사로운 봄날의 햇살이 내리쬐이지만, 어떤 곳에서는 매서운 추위와 폭설이 몰아치기도 한다. 심지어 같은 장소에서 어떤 생명체는 삶을 쟁취하고, 어떤 생명체는 삶을 상실해버리고 만다. 특히 인간사회에서 일어나는 일들은 너무나 다양하고 갈등적이다. 하루가 무섭게 변해가는 사물들과 사람들의 모습을 통해서 우리는 존재하는 모든 것이 서로 전혀 다른 것이라고까지 말할 수 있을 것이다. 그러나 쇼펜하우어에 따르면 이렇게 변화무쌍하게 다양한 방식으로 드러나는 사물들의 존재는 의지가 자신을 객관화한 것에 불과하다.

20 W1, 171(205)쪽.

여기에서 우리는 그 자체로 단일한 의지가 왜 이렇게 다양한 방식으로 사물들을 존재하게 하는지 물음을 제기할 수 있다. 왜 의지가 객관화의 과정에서 사물들을 다양한 방식으로 존재하게 하는가? 왜 의지가 이렇게 다양한 방식으로 자신을 객관화하는 것일까? 이 모든 사물들의 생성과 소멸이 모두 의지현상인가? 우리가 경험하는 모든 변화와 생성은 환상이란 말인가?

위의 질문은 비단 쇼펜하우어뿐만 아니라 플라톤 이래의 많은 철학자들이 관심을 두었던 물음이다. 플라톤은 초월적인 존재인 이데아가 경험세계에서의 다양한 개별적 사물들의 원형이라고 주장하면서, 어떻게 단일한 이데아가 다양한 경험세계의 개별적 사물들과 관계하는지를 명확하게 설명해야 할 필요가 있었다. 플라톤은 이 문제를 분유와 임재라는 개념을 통해서 설명한다. 근대의 철학자인 스피노자는 절대적 실체인 신의 존재가 다양한 정신과 물질이라는 속성을 포함하여 수많은 속성을 지닌다고 하면서 신, 즉 자연(deus sive natura)을 주장한다. 스피노자에 따르면 신으로서의 자연이 자신의 존재를 세계에 변화무쌍하게 드러내는데, 이러한 자연은 능산적 자연(natura naturans)과 소산적 자연(natura naturata)의 측면에서 고찰된다. 그리고 경험세계의 다양한 사물들은 그 자체로 서로 배타적인 것으로 보이지만, '영원의 상' 아래에서 모든 존재는 자연으로 통일된다.

독일관념론의 대표적인 철학자인 셸링은 우리가 일상에서 경험하는 개별적인 사물들의 다양한 존재 뒤에 자리 잡고 있는 무제약자 또는 절대자를 상정한다. 이러한 무제약자는 모든 사물들을 절대적인 동일성 속에서 파악하게 한다. 셸링에 따르면 우리가 경험하는 사물들의 다양성은 단지 양적인 차별성에서 생겨난 것으로, 우리의 눈앞에서 수시로 변해가는 사물들은 본래 서로 질적인 차별성을 지니지 않는다. 모든 사물들의 근원적인 동일성인 절대자는 비록 제한적인 측면에서, 즉 양적인 측면에서 사물들이 서로 구분되는 것처럼 드러내지만 다양한 사물들 사이에는 절대적 동일성이 놓여 있을 뿐이다. 셸링에게 철학은 이러한 절대적인 동일성을 직관하는 것이다.

지금까지 언급한 철학자들의 주장들은 세계의 통일성 또는 동근원성을 설명하려는 태도라고 볼 수 있다. 쇼펜하우어도 표상세계의 다양성은 실제로는 의지가 자신을 객관화한 것이라고 주장하면서 우리가 경험하는 세계에 대한 통일적인 설명을 제시한다. 그것이 바로 의지의 객관화이다. 그러나 이러한 쇼펜하우어의 설명에도 불구하고 앞에서 제기한 질문, 즉 어떻게 하나인 의지가 세계에서 다양한 사물들 속에 다양한 방식으로 나타나는가에 대해서 더 설명되어야 한다. 쇼펜하우어는 표상세계에 적용되는 여러 형식들, 즉 주관, 객관, 충분근거율이 의지세계에게는 적용되지 않는다고 단호하게 말한다. 이러한 형식들은 표상세계에 존재하는 사물들을 특정한 상태에서 특정한 방식으로 규정하는 원리이기 때문이다. 그렇다면 이러한 원리에 제약되지 않는 의지는 과연 어떤 식으로 그 자신을 우리에게 드러내는 것일까?

쇼펜하우어에 따르면 원래 의지에게는 다양한 현상들이 지닌 다수성이 존재하지 않는다. 쇼펜하우어는 『의지와 표상으로서의 세계』 23장에서 다음과 같이 말한다. "의지가 나타나면서 비로소 의지가 현상에 관계하기 때문에, 물자체로서의 의지는 자신의 현상과는 전혀 다르고, 현상의 모든 형식으로부터 완전히 자유로운 것이다. 그러한 현상형식은 의지의 객관성에 관계할 뿐이지 의지 그 자체와는 아무런 관계가 없다. 모든 현상 중 가장 보편적인 형식인 주관에 대한 객관의 형식도 이미 의지와는 관련이 없다. 모두 근거율이라는 말로 공통적으로 표현되고, 알다시피 시간과 공간도 거기에 속하는, 이러한 형식에 종속되는 형식

들은 더욱 의지와는 무관하다. 그리고 이러한 형식을 통해서만 존재하
게 된 다수성도 역시 마찬가지인 것이다."²¹

쇼펜하우어는 이처럼 다수성과 무관한 의지가 그것의 드러남에서 왜
다수성을 지니는가라는 물음에 대한 대답을 '개체화의 원리'라는 용어
를 통해서 제시한다. 이 용어는 스콜라철학에서 빌려온 것으로, 쇼펜하
우어는 라틴어인 개체화의 원리(principium individuationis)를 독일어
로 '개별자의 존재근거'(der Existenzgrund der Einzelwesen)라고 해
석한다. 그에 따르면 시간과 공간이라는 형식이 바로 개체화의 원리이
다. 쇼펜하우어는 왜 시간과 공간을 개체화의 원리라고 부르는가에 대
해서 "본질적으로 그리고 개념적으로 동일한 것을 다른 것으로, 다수성
으로 서로 잇달아 나타나게 하는 것은 오로지 시간과 공간뿐이기 때문
이다."²²라고 말한다.

개체화의 원리는 우리에게 다음과 같은 사실을 확인시켜준다. 첫째,
의지는 개체화의 원리를 벗어나 있다는 점이다. 의지는 비록 개별적 사
물의 측면에서 보자면 객관화되지만 의지의 측면에서는 결코 개체화의
원리, 즉 시간과 공간이라는 형식에 지배되지 않는다. 여기에서 주목해
야 할 점은 의지 자체는 비록 개체화의 원리에 지배되지 않지만 개체화
의 원리에 의해서 개별화된 다양한 의지현상들은 철저하게 의지에 영
향을 받는다는 점이다. 예를 들면 개체화의 원리에 놓여 있는 개별자로
서의 우리의 모든 행동은 우리 자신의 자발적인 의지에 의해서 이루어
지는 것이 아니라 의지 자체의 드러남일 뿐이다.²³ 둘째, 의지 자체는

---

21 W1, 173(207)쪽.
22 W1, 173(207)쪽. 쇼펜하우어에 따르면 개체화의 원리는 스콜라철학자들에게서
논쟁을 불러일으킨 개념이다.
23 쇼펜하우어는 이 점에 대해 다음과 같이 말한다. "그러나 개체, 즉 인격(Person)은

충분근거율을 벗어나 있다는 점이다. 의지가 객관화된 개별적인 사물들은 표상들이기 때문에 충분근거율을 적용시킬 수 있지만, 의지는 결코 표상일 수가 없기 때문에 근거율을 적용시킬 수 없다. 이처럼 개체화의 원리를 통해서 의지는 '통일성, 근거 없음, 인식불가능성(Erkenntnislosigkeit)'[24]을 특징으로 한다는 것을 알 수 있다. 의지는 결코 인식의 대상이 될 수 없으며, 그 스스로 인식의 주체가 아니라 개별적인 모든 사물들을 존재하게 하는 근거인 것이다.

그러나 우리는 쇼펜하우어가 개체화의 원리를 통해서 의지와 구분되는 표상세계에 중점을 두려 한다고 이해해서는 안 된다. 왜냐하면 표상세계는 우리가 앞에서 언급한 것처럼 세계를 잠정적으로, 즉 단지 인식의 관점에서 파악한 것이기 때문이다. 오히려 쇼펜하우어는 개체화의 원리를 통해서 표상세계의 근거로서 의지가 존재한다는 점을 강하게 주장하고자 한다. 세계에 존재하는 모든 사물들이 서로 다른 것처럼 보이지만 실제로는 의지로 모두 통일된다고 하는 '존재론적 회고'[25]를 제시하는 것이다. 쇼펜하우어는 다음과 말한다. "새벽의 여명도 한낮의 광선도 햇빛이라는 이름을 함께 공유하듯이, 무기계나 인간의 경우에도 의지라는 이름을 붙여야 한다. 그리고 이러한 의지는 세계에서 모든

물자체로서의 의지가 아니라 이미 의지현상일 뿐이며, 그러한 현상으로서 이미 제약받기 때문에 현상의 형식, 즉 근거율을 따른다는 사실이 간과된다. 그렇기 때문에 각자는 자신의 개별적인 행동에서도 자신을 선천적, 선험적으로 완전히 자유롭다고 간주하고, 자신은 매순간 다른 삶의 변화(Lebenswandel)를 시작할 수 있다고, 즉 완전히 다른 사람이 될 수 있다고 생각하는 놀라운 일이 생겨난다." W1, 174(209)쪽 이하. 이 점은 쇼펜하우어가 개인의 경험적 성격이 궁극적으로 지적 성격에 의존한다고 보는 것과 긴밀하게 연결된다.

24 VN 2, 104쪽.
25 Volker Spierling, *Arthur Schopenhauer. Eine Einführung in Leben und Werk*, Leipzig, 1998, 127쪽 참고.

사물의 존재 그 자체이며, 모든 현상의 유일한 핵심인 것이다."[26]

4. 자연의 통일성

쇼펜하우어가 생각하는 자연은 과연 무엇인가? 쇼펜하우어에 따르면
의지가 자신을 객관화해서 드러난 세계 전체는 우리가 보통 자연이라
고 부르는 것이다. 의지가 자신을 드러내는 역동적인 현상 전체가 바로
자연인 것이다. 이러한 자연이라는 용어 속에서 더 이상 표상과 의지의
배타적 구분을 인정하지 않는다. 쇼펜하우어에 따르면 자연 속에서는
전통철학에서처럼 정신과 물질의 단순한 대립을 찾아볼 수 없다. 쇼펜
하우어는 여기에서 독창적인 자연관을 우리에게 제시한다.

　서양철학의 전통 속에서 자연은 다양한 측면에서 논의된다. 먼저 고
대 그리스의 밀레토스학파는 자연을 스스로 생명력을 지닌 것으로 이
해하고, 탈레스는 자연을 구성하는 근원적인 재료인 아르케로서 물을
상정하여 존재하는 세계의 역동적인 모습을 설정한다. 탈레스를 비롯
한 그리스 초기의 자연철학자들은 자연을 오늘날 우리가 생각하는 소
극적인 모습이 아니라 적극적으로 자신의 생명력을 드러내는 역동적인
모습으로 인식했던 것이다. 우리는 이러한 자연관을 물활론이라고 부
를 수 있는데, 이러한 물활론적 사유 속에서는 오늘날 우리가 흔히 행
하는 구분인 정신과 물질, 유기체와 무기체, 식물과 동물이라는 배타적
인 존재방식을 허용하지 않는다. 특히 이러한 사유 속에서는 대부분의
근대철학에서 발견되는 자연에 대한 인간의 우월성을 찾아볼 수 없다
는 것이 특징이다. 탈레스 이후로 자연을 어떠한 제약도 가하지 않은

---

26 W1, 181(216)쪽.

무한정자(apeiron)로 규정하는 아낙시만드로스, 물, 불, 공기, 흙이라는
네 가지 원소와 사랑(philia)과 미움(neikos)이라는 힘에 의해서 움직이
는 역동적인 자연을 표상했던 엠페도클레스, 만물들의 끊임없는 대립
과 생성변화를 통해서 자연을 이해하려고 했던 헤라클레이토스와 같은
철학자들은 자신들의 독특한 방식으로 자연의 역동성을 표현하려고 하
였다. 이들 고대 그리스철학자들에게서 발견되는 자연의 이해는 상당
히 포괄적이면서도 역동적인 것이라고 할 수 있으며, 이들에게는 자연
속에 존재하는 다양한 사물들의 사이뿐만 아니라 인간과 자연 사이에
서도 극단적인 대립구도를 찾아볼 수 없다.

그러나 이처럼 자연의 통일적인 존재감은 인간이 자연과 대립하면서
무너지기 시작한다. 이러한 혼란의 출발점을 제공한 사람은 파르메니
데스라고 할 수 있다. 한편으로 파르메니데스는 끊임없이 변화하는 세
계를 불완전한 것으로 그리고 가상으로 규정하는데, 이러한 그의 태도
는 우리로 하여금 자연세계 너머로 철학적 탐구의 관심을 옮겨놓는 역
할을 한다. 즉 우리의 시선을 변화하는 세계 너머에 있는 초월적인 세
계로 향하게 했던 것이다. 그는 다른 한편으로 우리가 사유할 수 있는
것은 존재하는 것이라고 주장하면서 사물들의 존재를 파악하는 인간을
세계의 존재와 연관시킨다. 여기에서 우리 인간이 사유할 수 없는 비존
재는 추방되어 결국은 자연의 역동적인 변화는 부정되고 변화하는 세
계, 즉 역동적인 자연의 변화는 생각할 수 없는 것이 된다.[27] 이후에 고
대 그리스의 소피스트였던 프로타고라스는 인간을 만물의 척도로 규정
하면서 철학의 관심을 자연에서 인간으로 돌리게 한다. 소크라테스는

---

[27] 이러한 파르메니데스의 생각은 이후의 철학자들에게 다양한 방식으로 영향을 끼친
다. 존재를 사유와 연결시키는 입장은 관념론의 씨앗을 제공하고, 변화하는 세계의 존
재를 평가절하 하는 것은 초월적 세계의 존재를 옹호하는 입장을 제시해준다.

비록 프로타고라스의 입장과는 내용적으로 구분되지만, 인간의 존재에 대한 탐구를 자연에 대한 탐구보다 더 가치 있는 것으로 설정하는 것에 동의하게 된다.

소피스트들과 소크라테스에 의해서 전개된 인간에 대한 적극적인 관심은 결국 자연에 대한 무관심을 불러일으킨다.[28] 중세에는 철학의 출발점이 신이라는 점에서 인간에 대한 철학적인 탐구를 등한시한 측면이 있으나 그렇다고 이것이 자연에 대한 적극적인 탐구로 이어졌다는 것을 의미하지 않는다. 우리는 중세에도 자연에 대한 무관심을 경험하게 되는데, 왜냐하면 이 시기에 자연은 단지 절대자인 신에 의해서 만들어진 피조물에 불과한 것으로 해석되었기 때문이다.[29]

자연에 대한 소극적 이해는 근대에 와서 강화된다. 근대는 중세의 신 중심주의적인 방식을 벗어나서 인간존재의 적극적인 의미를 구축하려고 했던 시기이다. 이 시기에 철학의 중심주제는 당연히 인간존재에 대한 관심이었다. 물론 중세와 달리 이 시기에는 자연에 대한 탐구가 보다 적극적으로 행해졌지만 이러한 탐구의 궁극적인 의도는 인간에 의한 자연 지배였다는 점에서 오히려 자연의 적극적인 고찰이 이루어지지 않았다고 말할 수 있다. 이와 달리 쇼펜하우어는 이러한 자연에 대한 폐쇄적인 이해를 넘어서려고 했다.

쇼펜하우어는 자연을 적극적인 의미에서 이해한다. 그에 따르면 자연에 대한 탐구는 중요한 의미를 갖는데, 왜냐하면 자연 자체는 의지의

---

[28] 쇼펜하우어는 스토아철학자들이 자연에 대한 관심, 즉 자연에 순응하는 삶을 강조했다는 점에 주목하지만, 이러한 자연이해가 충분한 것이 아니라고 지적한다.
[29] 중세에 전개된 자연에 대한 무관심은 중세철학 자체가 자연이라는 철학적 주제에 무관심을 가졌다기보다는 중세를 지배했던 기독교의 지배욕구에 의해서 자연에 대한 관심이 단절되었다고 볼 수 있을 것이다.

적극적인 드러남이기 때문이다. 쇼펜하우어의 자연개념을 이해하기 위해서 다음과 같은 언급에 주목해보자. "우리는 이러한 다수성이 보통은 필연적으로 시간과 공간 — 이 점에서 우리는 시간과 공간을 개체화의 원리라고 부르는데 — 의 제약을 받고 그 속에서만 생각할 수 있다는 사실을 안다. 그런데 우리는 시간과 공간을 우리의 모든 인식이 선험적으로 표현된 근거율의 형태로 인식하였다. 그러나 앞서 논의했듯이, 우리의 인식은 그 자체로 사물들 자체가 아니라 그 사물들의 인식 가능성에 속할 뿐이며 물자체의 성질이 아니라 우리의 인식형식일 뿐이다. 물자체는 인식의 모든 형식으로부터, 또한 가장 보편적인 인식이므로 주관에 대한 객관적 존재라는 형식으로부터도 자유로운 것, 즉 표상과는 전혀 상이한 것이다. 그런데 우리가 충분히 증명했다고 생각하듯이 이러한 물자체가 의지라고 한다면, 그것은 그 자체로 그것의 현상과 분리된 채 소멸되어 시간과 공간의 바깥에 놓이고, 그렇기 때문에 다수성을 갖지 못하게 되어 하나인 것이 된다. 그러나 이미 말했듯이 이것은 개체나 개념처럼 하나라는 것은 아니고, 다수성을 가질 수 있는 조건인 개체화의 원리와 관련이 없는 하나라는 것이다. 공간과 시간 속에서 사물들의 다수성은 모두 의지의 객관성이기 때문에 의지와는 관계가 없고, 의지는 사물들의 다수성에도 불구하고 계속 분리할 수 없는 상태에 있다. 그렇다고 해서 돌 속에 있는 의지가 인간의 그것보다 작고, 인간의 의지가 그것보다 크다는 말은 아니다. 부분과 전체의 관계가 단지 공간에만 속하고, 이러한 직관형식을 벗어나면 더 이상 아무런 의미를 갖지 못하기 때문이다. 그리고 많고 적음도 현상, 즉 가시성(Sichtbarkeit)이나 객관화에만 관계할 뿐이다."[30]

---

[30] W1, 193(231)쪽.

쇼펜하우어의 자연관은 자연의 통일성을 강조한다는 데 그 특징이 있다. 자연의 수많은 존재들은 그것이 의지의 드러남인 한에서 서로 연결된다는 것이다. 물론 쇼펜하우어는 자연의 존재들이 모두 똑같은 방식으로 존재한다고 생각하지 않는다. 그에 따르면 "객관화의 정도는 돌에서보다 식물에서 더 높고, 식물에서보다 동물에서 더 높다. 그러니까 의지가 가시화되고, 객관화되는 것에는 가장 약한 여명과 가장 밝은 햇빛 사이처럼, 가장 강한 음과 가장 약한 여음 사이처럼 무한한 등급이 있다."[31] 자연 속에서 사물들은 서로 다른 방식을 통해서 각자의 존재를 드러낸다. 우리가 주변의 자연세계에 대한 눈을 돌린다면 얼마나 많은 종류의 사물들이 자연에 존재하는가를 알 수 있을 것이다. 단지 다양한 사물들의 종이 존재할 뿐만 아니라 같은 종에서도 수많은 형태의 사물들이 존재하는 것이다. 그러나 쇼펜하우어에 따르면 이러한 다양성은 사물들 속에서 드러나는 의지가 서로 다른 것이라는 것을 의미하지 않는다. 자연의 다양성은 의지의 단일성을 훼손시키지 못한다. 의지는 하나이지만 그러한 의지를 받아들이는 사물들이 개체화의 원리, 즉 시간과 공간의 제약에 놓이기 때문에 사물들은 다양한 외적인 형태와 내적인 존재방식을 드러내는 것이며, 이러한 다양성은 자연 속에 자리 잡고 있는 의지 자체의 존재를 제거할 수는 없는 것이다. 우리는 하찮은 사물이라고 할지라도 그러한 사물이 의지의 드러남이라는 점을 부인할 수 없다. 쇼펜하우어는 다음과 같이 말한다. "의지는 무수한 떡갈나무에 그러는 것처럼, 하나의 떡갈나무에도 같은 정도로 완전하게 자신을 드러낸다. 떡갈나무의 수, 시간과 공간 속에서 나타나는 의지의 양적인 증가(Vervielfältigung)는 의지에 대해서 그 어떤 의미를 갖지 않고, 공

---

31   W1, 193(232)쪽 이하.

간과 시간 속에서 스스로 다양화되고 흩어진 개체들의 다수성이라는
점에 대해서만 오로지 의미를 가질 뿐이다. 그러나 개체의 다수성 자체
는 다시 의지현상에만 관계할 뿐이고 결코 의지에는 관계하지 않는다.
그 때문에 사람들은, 사실 불가능한 일이긴 하지만 단 하나의 존재가
아무리 사소한 것이라고 하더라도 그것이 완전히 사라진다면 이와 함
께 세계 전체가 몰락할 수밖에 없다고 주장할 수 있을지도 모른다."[32]

쇼펜하우어가 주장하는 이러한 자연의 통일성은 근대의 자연과학에
서처럼 우리에게 광적으로 자연탐구의 필요성을 강요하지 않는다. 근
대 이후에 전개된 자연과학적인 세계관은 세계의 크기에 의존에서 우
리에게 자연세계의 탐구의 필요성을 역설한다. 마치 조금이라도 빨리
이러한 광대한 우주를 탐구하지 않는다면 유한한 존재인 우리가 많은
것을 잃게 될 것이라고 부추긴다. 그러나 자연의 통일성은 광활한 자연
전체가 수많은 사물들의 존재로 이루어진다는 양적인 고찰을 우리에게
요구하지 않는다. 쇼펜하우어는 자연의 본질을 탐구하려는 자연과학적
탐구의 절박함을 다음과 같이 반박한다. "[…] 본질 자체는 자연의 모든
사물이나 모든 생물체 속에서도 온전하게 나누어지지 않은 채 존재한
다는 사실이다. 그렇기 때문에 우리가 어떤 개별적인 사물에 머무르더
라도 아무것도 잃는 게 없으며, 진정한 지혜도 무한한 세계를 측정함으
로써, 무한한 공간을 개인적으로 돌아다님으로써 얻어지는 것이 아니
라 오히려 개별적인 사물의 참되고 고유한 본질을 완전히 인식하고 이
해하는 방식을 배움으로써, 어떤 개별적인 사물을 철저히 탐구함으로
써 비로소 얻어지는 것이다."[33]

32 W1, 194(232)쪽.
33 W1, 194(233)쪽 이하.

쇼펜하우어는 자연 전체와 자연의 부분으로서의 개별적인 사물들을 통해 의지가 자신의 존재를 드러낸다고 주장한다. 여기에서 쇼펜하우어는 의지의 객관화에 의해서 자연 속에서의 사물들이 다양한 방식으로 존재한다는 것을 인정한다. 우리는 이 점을 좀 더 적극적으로 이해하기 위해서 쇼펜하우어가 사물들의 개성(Individualität)이나 성격(Charakter)에 대해서 언급하는 것을 살펴볼 필요가 있다. 쇼펜하우어에 따르면 의지의 객관화 단계에서 좀 더 높은 곳에 있는 사물들은 다른 단계의 사물들보다 더욱 강한 성격을 갖는다. 물론 모든 자연 속에서의 사물들은 그것이 개별자인 한에서 각자의 성격을 갖고 있지만, 쇼펜하우어는 고등동물일수록 이러한 성격이 고유한 방식으로 드러난다고 본다.[34] 반면 객관화의 단계가 낮을수록, 즉 하등동물일수록 개별자의 고유한 성격이 줄어들며 단지 그 종에 일반적인 특성만을 드러낸다고 본다. 쇼펜하우어는 다음과 같이 말한다. "[…] 인간과 멀리 떨어진 동물일수록 점점 더 개별적 특성의 흔적이 사라지고, 결국 식물은 개체의 고유한 성격을 완전히 상실하게 되어 오로지 토양이나 기후의 좋고 나쁜 외부적 영향이나 다른 우연한 조건으로 완전히 설명될 수밖에 없다. 따라서 결국 자연의 무기계에서는 모든 개성이 완전히 사라지고 만다."[35] 쇼펜하우어는 이러한 경험적인 성격이 비록 사물에 따라서 다르게 표출되지만 그것은 전적으로 '지적 성격'의 드러남일 뿐이라고 주장한다.[36] 이러한 지적 성격은 개별적인 사물들이 의지에 의해서 지배된

---

34 쇼펜하우어는 이 주장에 대한 증거로서 성욕을 예로 든다. 인간은 자신의 성욕을 충족시키기 위해서는 아주 까다롭게 그 대상을 선택하지만, 다른 동물들은 단지 아무런 대상에게서 욕구를 충족시킨다는 점을 제시한다. W1, 198(237)쪽 참고.

35 W1, 198(237)쪽.

36 칸트는 인간의 성격을 경험적 성격과 지적 성격으로 구분한다. 지적 성격은 이성에 의해서 본성적으로 부과된 것이지만, 경험적 성격은 후천적으로 개인에게서 습득되는

다는 것을 의미한다는 것이다.

　쇼펜하우어는 자연을 의지가 자신을 드러내는 역동적인 과정으로 파악하면서 자연과학의 특징인 인과학적인 설명을 통해서는 결코 자연의 본질을 파악할 수 없다는 점을 강조한다. 자연에 대한 인과학적 설명은 시간과 공간이라는 형식 속에 드러나는 자연의 모든 현상을 인과관계로 설명하려는 것인데, 이러한 태도는 시간과 공간 그리고 인과율이 현상 자체에만 관계하고 현상 너머에 관계할 수 없다고 생각하는 쇼펜하우어의 입장에서는 공허한 것일 뿐이다. 이런 이유에서 쇼펜하우어는 다음과 같이 말한다. "[…] 데카르트나 모든 원자론자들의 잘못은 모든 것을 기계현상으로 환원하려고 하는 데 있었다. 이들은 자연의 모든 현상을 불가입성과 응집력의 단순한 현상으로 설명하려고 시도했다."[37] 쇼펜하우어는 자연과학의 근본적인 오류에 대해서 다음과 같이 지적한다. "[…] 결국에는 유기체란 물리적이고 화학적이며 기계적인 힘들이 현상하는 집합체일 뿐이고, 여기에서 우연히 그러한 힘들이 모여 더 이상의 의미가 없는 자연의 놀이로서 유기체를 완성시킨다는 전제가 놓여 있을 뿐이다."[38]

성격이다. 쇼펜하우어의 경험적 성격도 개체화된 존재들이 특정한 시간과 공간 속에서의 경험을 통해서 드러나는 성격이다. 이에 반해 지적 성격은 개인에게 드러난 의지의 특성과 연결된다.

37 W1, 211(252)쪽. 쇼펜하우어는 자연과학에 대한 이러한 비판에도 불구하고 자연과학의 인과법칙의 역할을 제한적으로 해석하는 말브랑슈의 기회원인론의 입장을 긍정적으로 평가한다. 그는 다음과 같이 말한다. "물론 말브랑슈의 견해는 옳은 것이다. 모든 자연적인 원인은 기회 원인에 지나지 않고, 그 하나의 불가분의 의지현상에 대한 기회나 계기를 마련해줄 뿐이다." W1, 206(246)쪽.

38 W1, 212(252)쪽.

쇼펜하우어의 예술철학

Schopenhauer

1. 이념의 관조

쇼펜하우어는 우리가 세계를 우선적으로 표상적으로 파악하지만 사실은 그것이 의지의 드러남, 즉 의지의 객관화임을 주장한다. 쇼펜하우어에 따르면 우리 인간은 의지가 객관화된 표상세계를 인식하면서 살아간다. 그러나 표상세계에서의 인식은 우리로 하여금 사물에 대한 상대적인 앎만을 가져다줄 뿐이다. 왜냐하면 이러한 인식은 표상세계가 의지의 드러남에 불과하다는 것을 알려주지 못하기 때문이다. 시간과 공간 그리고 인과율 속에서 포착되는 세계는 그때마다 변하면서 다양성을 지니는 세계일 뿐이다. 우리는 표상으로서의 세계에서 근원적인 세계를 향한 갈증과 열망을 느끼게 될 뿐이다. 그렇다면 표상세계의 한계를 넘어서 의지세계를 인식할 수 있는 길은 없을까? 이 물음에 대한 대답은 '원칙적으로 불가능하다'이다. 왜냐하면 의지는 충분근거율에 사로잡혀 있는 인식의 대상이 될 수 없기 때문이다. 그러나 이러한 부정적인 입장은 우리의 인식이 충분근거율에 사로잡혀 있을 때에만 적용된다.

쇼펜하우어는 세계를 표상으로서가 아니라 의지로서 통찰할 수 있는 길이 우리에게 주어져 있다고 본다. 그것은 바로 세계를 이념(Idee) 속에서 관조하는 것이다. 쇼펜하우어에 따르면 이념은 시간과 공간 그리고 인과율에도 제약받지 않는다. 이러한 이념은 의지가 객관화되는 전 과정에서 관계하는 것인데, 쇼펜하우어는 이런 점에서 이념을 '특정한 단계에서의 의지의 직접적인 객관성'[1](die unmittelbare Objektivität jenes Willens auf einer bestimmten Stufe)이라고 규정한다.

이념이라는 용어는 플라톤의 이데아에서 차용한 것이다. 플라톤은 그의 유명한 동굴의 비유에서 경험세계의 모든 개별적인 사물들이 모두 이데아의 모사물이라고 주장한다. 우리가 살고 있는 세계에는 수많은 사물들이 존재하는데, 이러한 사물들의 다양한 종을 가능하게 하는 근원적인 존재, 즉 이데아가 존재한다는 것이다. 인간의 경우를 예를 들면 수많은 형태의 모습을 지닌 개별적인 사람들이 경험세계에는 존재한다. 이처럼 경험세계에 존재하고 앞으로도 존재할 수많은 개별적인 인간은 하나의 인간전형, 즉 인간의 이데아를 모방한다는 것이 플라톤의 생각이다. 개별자로서의 인간은 시간과 공간 그리고 인과율에 제약된 제한된 존재방식을 지니지만, 인간의 이데아는 이러한 제약에 얽매이지 않고 지속적으로 존재하기 때문이다. 쇼펜하우어는 『의지와 표상으로서의 세계』 31장에서 다음과 같이 플라톤의 철학을 요약한다. "우리의 감각이 지각하는 세계의 사물들은 결코 참된 존재를 갖고 있지 않다. 이 세계의 사물들은 항상 생성하지만 결코 존재하지는 않는다. 그것들은 상대적인 존재만을 가질 뿐이다, 즉 전체적으로 서로에 대한 관계 속에서, 서로에 대한 관계를 통해서만 존재할 뿐이다. 그 때문에

---

1   W1, 247(291)쪽

이들 사물의 전체 존재를 비존재(Nichtsein)라고 부를 수 있다. 따라서 이 세계의 사물들은 또한 본래적인 인식의 대상이 아니다. 그 자체로, 항상 똑같은 것으로 존재하는 것에 대해서만 본래적인 인식(episteme)이 있을 뿐이기 때문이다. 반면에 이 세계의 사물들은 감각에 의해서 생겨난 억견(doxa)의 대상일 뿐이다."[2]

플라톤에게 인식은 경험세계의 사물에 관계하는 억견과 구분되어야 한다. 인식은 그렇게 쉽게 소멸해버리는 대상을 위해서 존재하는 것이 아니다. 이 점에 대해서는 쇼펜하우어도 전적으로 공감한다. 표상세계가 충분근거율에 의해서 파악되는 세계이지만 여기에서의 인식이라는 것은 단지 표상들 사이에 놓인 관계를 설명하는 것일 뿐이다. 우리의 인식이 표상세계 안에 갇히면 그것은 올바른 일이 아니다. 쇼펜하우어는 여기에서 이러한 상대적인 존재의 세계에서 절대적인, 즉 근원적인 사물의 본질세계를 인식하려고 한다. 그러한 세계는 플라톤의 이데아의 세계와 유사한 것으로, 쇼펜하우어는 이것을 '이념'이라고 부른다. 쇼펜하우어는 플라톤의 이데아를 다음과 같이 언급한다. "반면에 오로지 참으로 존재하는 것은 항상 존재하고 결코 생성하거나 소멸하지 않기 때문에, 그렇게 부를 수 있는 것은 그러한 그림자들에 실재하는 원형들이다. 이러한 원형들은 영원한 이념이며 원본인 것이다. 그것들에는 다수성이라는 것은 존재하지 않는다. 모든 것은 원형 그 자체이며 본질상으로 하나이고, 원형의 모사물이나 또는 그림자는 모든 원형과 같은 이름을 가진 같은 종의 개별적이고 무상한 사물들이기 때문이다. 오로지 참으로 존재하는 것에게 생성과 소멸은 존재하지 않는다. 그것들은 참으로 존재하는 것이지만, 모사물들처럼 결코 생성하거나 사라

지지 않기 때문이다. (그러나 이 두 가지의 부정적인 규정에는 시간, 공간과 인과성이 참으로 존재하는 것들에 아무런 의미와 타당성을 갖지 않고, 그것들이 이러한 형식 속에서 존재하지 않는다는 것이 필연적으로 전제된다.)"[3]

쇼펜하우어에 따르면 표상세계가 지닌 한계성은 플라톤뿐만 아니라 칸트를 통해서도 언급할 수 있다. 칸트는 우리의 인식이 물자체의 세계가 아니라 단지 현상세계에 제한된다고 주장하기 때문이다. 쇼펜하우어는 칸트의 주장을 다음과 같이 언급한다. "시간, 공간과 인과성은 우리의 인식형식에 지나지 않기 때문에 그것은 물자체의 규정이 아니라, 그러한 물자체의 현상에 속한다. 그런데 모든 다수성, 모든 생성과 소멸은 시간, 공간 및 인과성에 의해서만 가능하기 때문에 그 결과 그러한 것들도 결코 물자체가 아니라 현상만 따르게 된다. 그런데 우리의 인식이 시간, 공간 및 인과성의 제약을 받기 때문에, 모든 경험은 단지 현상의 인식일 뿐이고, 물자체의 인식이 아닌 것이다. 그렇기 때문에 인식의 법칙들은 물자체에 효력을 미칠 수 없다."[4]

여기에서 쇼펜하우어는 플라톤과 칸트의 주장을 통해서 표상세계의 인식이 지닌 한계성을 적절하게 제시한다. 플라톤이 이데아의 세계에 대해서 경험세계가 불완전함을 지닌다고 보는 것처럼, 칸트가 우리의 인식이 물자체의 세계가 아니라 오로지 현상세계에만 제한된다고 보는 것처럼 쇼펜하우어는 우리의 인식이 세계를 단지 표상으로서 파악할 수밖에 없음을 제시한다. 그러나 이러한 쇼펜하우어의 입장은 우리의 인식이 지닌 한계성을 강조하려는 것으로만 이해되어서는 안 된다. 그

3 W1, 248(292)쪽.
4 W1, 247(291)쪽.

는 여기에서 오히려 앞에서 말한 것처럼 개체화의 원리에 사로잡히지 않는 사물의 인식, 즉 이념의 인식과 조망이 절실하다는 것을 강조한다. 왜냐하면 우리는 이념의 조망을 통해서 표상세계를 객관화하는 의지의 본성을 이해할 수 있기 때문이다. 이러한 이념의 존재는 표상세계 너머에 의지세계가 있다는 사실뿐만 아니라 세계를 표상으로 파악하는 것과 의지로 파악하는 것이 연결된다는 점을 말해준다. 즉 우리는 이념을 통해서 의지가 세계 속에서 자신을 드러내는 것을 확인할 수 있는 것이다.

물론 우리는 여기에서 이념세계가 표상세계와 의지세계 외부에 따로 존재한다고 생각해서는 안 된다. 앞에서 언급한 플라톤은 이데아의 세계가 우리가 살고 있는 경험세계 저편에 존재한다고 주장한다. 다시 말해 이데아의 세계가 지금 여기의 세계와는 완전히 다른 곳에 존재한다는 것이다. 그러나 쇼펜하우어가 말하는 이념은 표상과 의지의 세계 사이에 놓인 존재론적 연결고리를 설명하기 위한 것이고, 다른 한편으로는 우리가 인식하는 표상세계가 진정한 세계가 아니라는 사실을 폭로하기 위한 것이다. 또한 쇼펜하우어는 이러한 이념의 역할 이외에도 이념의 조망 또는 관조를 통해서 의지가 우리에게 가져다주는 고통스러운 삶으로부터 일시적으로 벗어날 수 있다고 주장한다.

쇼펜하우어는 이러한 이유에서 우리가 이념을 조망하는 것이 중요하다고 강조한다. 물론 쇼펜하우어는 이념을 조망하는 것이 우리에게 결코 쉽지 않은 일이라는 점을 인정한다. 왜냐하면 우리는 주관으로서 충분근거율에 사로잡혀서 살아가며 개체화의 원리에 집착하여 사물들을 서로 분리된 개별자로서만 파악하려고 하기 때문이다. 그러나 이념의 조망을 위한 가능성의 길은 우리에게 주어져 있다. 쇼펜하우어는 다음과 같이 말한다. "만일 불가능한 전제에서 추론하는 것이 허용된다고 한다면, 실제로 우리는 개별적인 사물이, 소여성이, 변화가, 다수성이 아니라 오로지 이념만을, 하나의 의지만을, 진정한 물자체의 객관화의 사다리만을 순수하고 맑은 인식 속에서 파악할 수 있을 것"[5]이다.

　여기에서 쇼펜하우어는 이념의 인식을 위해서 개별적 사물과 이념이 의지에 대해서 갖는 관계를 구분한다. 즉 이것은 의지의 객관화가 지닌 두 가지 측면을 구분하는 것을 의미한다. 첫째는 의지의 직접적인 객관화이고, 둘째는 의지의 간접적인 객관화이다. 쇼펜하우어는 의지가 직접적으로 객관화된 것을 이념이라고 말한다. 의지는 자신을 객관화하는 과정에서 이념 속에 자신을 직접적으로 드러낸다는 것이다. 이에 반해서 의지는 자신을 객관화하는 과정에서 개별적인 사물들 속에서 자신을 간접적으로 드러낸다. 여기에서 쇼펜하우어가 간접적이라는 말을 사용하는 이유는 개별적인 사물들은 의지가 드러난 것이지만 충분근거율과 개체화의 원리에 제약받기 때문에, 이들에게 제약을 전혀 받지 않는 의지는 우회적이고 간접적으로 자신을 드러낼 수밖에 없기 때문이다. 그러나 여기에서 우리는 직접적이라는 표현과 간접적이라는 표현이 의지를 적극적으로 드러냄과 의지를 소극적으로 드러냄의 의미로 구분해서 이해해서는 안 된다. 왜냐하면 의지의 간접적인 객관화인 개별적인 사물 속에서 오히려 의지의 본성이 잘 드러나고 나아가 의지의 지배현상이 적극적으로 나타날 수 있는 반면, 의지의 직접적인 객관화인 이념은 개별적인 사물과는 달리 의지의 본성으로부터 벗어나 있기 때문이다. 이 점에 대해 쇼펜하우어는 다음과 같이 말한다. "따라서 근거율에 의해서 나타나는 개별적인 사물은 물자체(즉 의지인)의 간접적인 객관화에 지나지 않고, 이러한 물자체와 현상하는 사물 사이에는 의

5　W1, 253(298)쪽.

지의 유일한 직접적인 객관성으로서의 이념이 존재한다. 그 이유는 이러한 이념이 일반적으로 표상의 형식, 즉 주관에 대한 객관으로서의 존재라는 형식과는 다른, 인식작용 그 자체에 고유한 형식을 받아들이지 않았기 때문이다."[6]

우리는 이념의 조망이 어떻게 가능한가에 대해서 관심을 가져야 한다. 쇼펜하우어에 따르면 이것은 의지에 봉사하는 인식행위를 벗어날 때 가능하다. 인간의 지성이 의지의 부산물이라는 쇼펜하우어의 주장에서 잘 드러나듯이, 그는 우리의 인식작용이 의지의 제약으로부터 벗어나면 이념의 조망이 가능하다고 강조한다. 이것은 이념의 조망이 우리로 하여금 인식의 전환을 요구하고 있음을 말해준다. 우리가 세계를 표상으로서 파악하는 것은 궁극적으로는 의지에게 종속되는 것을 의미한다. 즉 근거율에 의해서 행해지는 인식행위는 우리를 철저하게 의지에 종속시키는 것이다. 따라서 여기에서 벗어나기 위해서는 우리에게 변화가 필요하다. 쇼펜하우어는 다음과 같이 말한다. "따라서 이제 우리는 근거율에 종속된 인식만을 가지는데, 이러한 인식의 형식을 통해서는 이념을 인식할 수 없다. 따라서 우리가 개별적인 사물을 인식하는 데서 이념을 인식하는 것으로 나아가려면 주관에서 변화가 일어나야만 한다. 이러한 변화는 모든 종류의 객관의 커다란 변화에 부합하고 그와 유사한 것이며, 그러한 변화에 의해서 이념을 인식하는 한에서 주관은 더 이상 개체가 아니다."[7]

쇼펜하우어에 따르면 이러한 변화는 철학의 중요한 과제이다. 바로 주관의 변화야말로 이념을 조망하는 유일한 길이다. 만약에 우리가 주

6　W1, 253(298)쪽.
7　W1, 254(300)쪽.

관의 변화를 경험하지 않는다면, 즉 우리가 주관으로서의 우리 자신을 변화시키지 않는다면 우리는 사물에 대한 상대적인 현존만을 인식할 것이다. 이념의 조망을 가능하게 하는 주관의 변화는 시간과 공간 그리고 인과율에 얽매인 사물의 상대적인 존재에서 벗어나게 한다. 여기에서 쇼펜하우어는 다음과 같이 말한다. "모든 관계 자체는 단지 상대적인 현존만을 가질 뿐이다. 예를 들면 시간 속에서의 모든 존재는 비존재이기도 하다. 왜냐하면 시간은 단지 같은 사물에 반대의 규정을 부여할 수도 있는 것이기 때문이다. 그렇기 때문에 시간 속의 모든 현상은 또한 존재하지 않는 것이기도 하다. 사실 현상의 시작을 끝과 구별하게 해주는 것은 오로지 본질적으로 사라져버리는 것, 절대적이지 않고 상대적인 것, 이 경우 지속이라고 불리는 시간일 뿐이기 때문이다."[8]

2. 순수인식주관과 직관

쇼펜하우어에 따르면 주관이 개별적인 사물의 존재에서 벗어나는 것은 우리에게 주관이 이념을 인식하는 방식을 제시해준다. 쇼펜하우어는 다음과 같이 말한다. "이념이 나타나는 개체는 무수히 많고 끊임없이 생성하고 소멸하지만, 이념은 항상 변하지 않으며 근거율은 이념에 대해서 아무런 의미도 갖지 못한다. 그런데 근거율은 주관이 개체로서 인식하는 한에서 주관의 모든 인식이 그에 따르는 형식이기 때문에, 이념은 주관 인식 영역 밖에서도 존재할 것이다. 그렇기 때문에 이념이 인식의 대상이 되려면 인식하는 주관이 자신의 개별성을 중단함으로써만 가능할 것이다."[9] 주관은 개체를 벗어남으로써 이념을 인식하는 것이

---

8   W1, 255(301)쪽 이하.
9   W1, 245(289)쪽 이하.

다. 쇼펜하우어는 이처럼 주관이 개체성을 벗어난 상태를 '순수인식주관'이라고 부른다.

　순수인식주관은 개체와 관계하는 개인적인 인식주관과 구분된다. 개인적인 인식주관은 근거율에 제약을 받으면서 주어진 대상들을 연결시키는 관계에만 집착한다. 그러나 이러한 개인적인 인식주관의 집착은 오히려 의지의 종속을 야기하게 된다. 이러한 상태에서의 인식은 전적으로 의지에 봉사하게 될 뿐이다. 우리는 일상의 삶에서 이러한 주관으로서 살아간다. 따라서 일상의 시각에서 사물을 바라보는 시선을 버려야 한다. 쇼펜하우어는 일상에서의 탈출을 다음과 같이 설명한다. "우리가 정신의 힘에 고무되어, 사물에 대한 일상적인 관찰방식과 근거율의 여러 형태를 단서로 하여 항상 자신의 의지에 대한 관계를 궁극적인 목표로 하는 사물들의 상호관계들만 추구하는 것을 중단한다고 하자. 그리고 사물들에 대해 언제, 어디서, 왜가 아닌 오로지 무엇(Was)만을 고찰한다고 하자. 또한 추상적인 사유, 이성의 개념, 의식에 사로잡히지 않고 대신에 자기 정신의 온 힘을 직관에 바쳐서 그것이 하나의 풍경, 나무, 암석, 건물이나 그 밖의 무엇이든지 바로 현재의 자연적인 대상을 조용히 관조함으로써 의식 전체를 채워본다고 하자. [...] 사람들은 이러한 대상에 빠져서 자신의 개체와 자신의 의지를 잊고 오로지 순수한 주관으로서, 객관을 비추는 맑은 거울로서 계속 존재하는 것처럼 될 것이다. 그러므로 이제 직관하는 사람과 직관이 더 이상 구별될 수 없으며, 의식 전체가 하나의 유일한 직관적인 상에 의해서 전적으로 채워지고 채워지면서 둘은 하나가 되어버릴 것이다."[10]

　쇼펜하우어는 『의지와 표상으로서의 세계』 2권에서 표상과 의지 사

10　W1, 257(303)쪽.

이에 신체라는 개념을 언급한다. 신체는 표상으로서의 세계 너머에 의지가 존재한다는 사실을 우리에게 알려주는 중요한 단서의 역할을 한다. 즉 신체는 표상세계가 실제로는 의지에 종속된 세계라는 점을 알려준다. 신체는 의지가 우리의 존재를 지배한다는 사실을 드러내는 명확한 증거인 것이다. 그러나 신체와 이념의 역할은 구분된다. 비록 이념도 표상과 의지 사이에 존재하면서 이들 사이의 관계를 드러내주는 역할을 하는 것은 사실이다. 쇼펜하우어가 이념을 의지의 직접적인 객관화라고 부르기 때문이다. 그러나 여기에서 우리가 주목해야 할 것은 이념의 존재는 신체와는 달리 의지의 존재를 단순하게 확인하는 역할을 하는 것이 아니라 의지의 지배에서 벗어나게 하는 역할을 한다는 점이다. 쇼펜하우어가 『의지와 표상으로서의 세계』 3권에서 주목하는 것이 바로 이러한 이념의 반의지적인 역할이다.[11]

　순수인식주관은 개별적인 사물들을 바라보지만 그 속에서 사물들의 개체성이 아니라 사물들의 영원한 형식, 즉 이념을 조망하고 시간과 공간 그리고 인과율에 얽매이지 않으며 의지로부터 벗어나서 순수한 존재상태를 경험하게 한다. 여기에서는 인식하는 주체와 인식되는 객체 사이의 구분이 사라지고 모든 근거율의 지배로부터 벗어나며 의지에 대한 봉사로부터 멀어지게 된다. 즉 사물의 개체성과 의지로부터 벗어날 수 있는 것이다.

3. 예술의 본질

쇼펜하우어는 근거율과 개체화의 원리에 적극적으로 관심을 가진 학문

11　이념의 반의지적인 역할은 쇼펜하우어가 『의지와 표상으로서의 세계』 4권에서 의지의 부정에 대해서 언급할 때 그 의미가 중요하게 평가된다.

을 자연과학이라고 부른다. 자연과학은 엄밀하게 형태학과 원인학으로 구분할 수 있지만 이들은 모두 표상세계를 그 대상으로 삼는다는 점에서 동일한 것이다. 쇼펜하우어의 관심은 근거율과 개체화의 원리에 사로잡혀 우리에게 사물의 상대적인 존재를 드러내주는 표상세계 너머로 향한다. 우리는 이러한 세계에 어떻게 다가갈 수 있을까? 쇼펜하우어는 다음과 같이 물음을 제기한다. "그러나 이제 모든 관계들 밖에서 독립해서 존재하는, 혼자서 본래 세계의 본질적인 것, 세계 현상의 참된 내용, 그 어떤 변화에도 종속되지 않기 때문에 언제나 동일한 진리로 인식되는 것, 한마디로 물자체, 즉 의지의 직접적이고 적절한 물자체인 이념을 인식하는 것은 어떤 인식방식인가?"[12]

쇼펜하우어는 여기에서 표상세계를 대상으로 하는 자연과학과는 달리 이념의 조망을 대상으로 삼는 학문을 구분하는데, 그는 그러한 학문을 예술이라고 부른다.[13] 쇼펜하우어에 따르면 예술은 "순수직관에 의해서 파악된 영원한 이념, 즉 세계의 모든 현상의 본질적인 것과 지속적인 것을 재현한 것이다."[14] 우리는 이러한 쇼펜하우어의 예술이해가 이전의 예술이해와 구분된다는 것을 알 수 있다. 우리는 예술에 대한 전통적인 이해를 플라톤의 『향연』에서 찾아볼 수 있는데, 여기에서는 아름다운 육체, 아름다운 행위를 논의하면서 미 자체의 본질에 대해 언급한다. 여기에서 미(kalon)의 개념은 우리의 마음을 즐겁게 하거나 우리로 하여금 감탄을 야기하는 모든 것을 지칭한다고 할 수 있다. 특히 소피스트들은 예술을 생활에 필요한 예술과 즐거움을 제공하는 예술로

---

12 W1, 265(314)쪽.
13 쇼펜하우어는 근거율에 집착하는 과학의 태도를 아리스토텔레스적이라고 표현하고, 근거율을 넘어서는 예술의 태도를 플라톤적이고 표현한다.
14 W1, 265(314)쪽.

구분하기도 하였고, 플라톤은 생산적 예술과 모방적 예술을 구분하였
다. 그러나 플라톤은 그의 이데아론에 근거하여 예술과 예술가의 역할
에 대해서 부정적인 평가를 한다. 그에 따르면 예술은, 특히 시예술은
이데아 자체가 아니라 경험적인 대상을 모방하는 것이기 때문이다. 이
에 반해서 아리스토텔레스는 예술을 자연을 모방하는 예술과 자연을
보완하는 예술로 구분하면서 예술에 대해 긍정적으로 평가한다. 플라
톤과 아리스토텔레스의 예술의 본질에 대한 상반적인 해석은 실재하는
대상과 예술의 관계에 대한 서로 다른 해석에 기인한다. 플라톤은 경험
세계의 사물들이 지닌 불완전성을 강조하면서 이데아를 참된 존재로
설정하는 반면, 아리스토텔레스는 초월적인 존재인 이데아를 부정하며
경험세계의 사물들이 유일한 실재성을 지닌다고 생각하기 때문이다.

이러한 예술에 대한 논의는 이후에 다양한 양상으로 전개되다가 중
세에는 예술을 하나의 학문으로 규정하게 된다. 아퀴나스는 예술을 '이
성의 올바른 배열'(recta ordinatio rationis)이라고 규정하는데, 이의
영향으로 중세의 예술은 일종의 교양예술을 의미하게 되었다. 르네상
스시대에 피치노와 같은 사람은 예술을 '제작의 법칙'이라고 보았으며,
베이컨은 예술을 학문과 구별하기도 하였다. 계몽주의시대에는 예술을
순수예술과 기능술로 구분하기도 하는데, 여기에서 순수예술은 중세에
교양예술이 지닌 권리를 누리게 된다. 그러다가 바움가르텐(A.G.
Baumgarten, 1714-1762)이 1750년에 『미학』(aesthetica)을 출간하면
서 미에 대한 철학적인 논의가 구체화되고, 헤겔이 1818년에 3권짜리
『미학』을 출간하면서 철학적인 토대를 확고히 하게 된다.

쇼펜하우어는 예술을 다른 학문과 엄격하게 구분한다. 그에 따르면
일반학문은 다양한 종류에도 불구하고 공통적으로 근거율에 토대를 두
며 단지 개별적인 사물들에 관심을 가질 뿐이다. 그러나 예술은 근거율

의 지배를 벗어나는 것에서 비로소 시작된다. 쇼펜하우어에 따르면 "예술의 유일한 기원은 이념을 인식하는 것이고, 예술의 유일한 목적은 이러한 인식을 전달하는 것이다."[15] 이러한 예술은 표상세계에만 집착하는 우리의 시선을 의지세계로 가져다줄 수 있는 계기를 제공한다. 쇼펜하우어는 이념의 조망을 추구하는 예술이 우리로 하여금 의지의 지배로부터 벗어나게 해줄 수 있다는 점을 강조한다. 즉 예술이 우리로 하여금 개별적인 사물들과 그들 사이의 관계에 얽매여 있는 상황에서 벗어나게 해줄 수 있다는 것이다. 예를 들어 우리가 아름다운 자연현상을 경험할 때를 생각해보자. 여기에서 "아름다운 자연이 한 번 우리의 눈앞에 전개되면 아무리 짧은 순간이라고 해도, 우리는 거의 항상 주관성이나 의지의 노예노릇(Sklavendienst)에서 벗어나 순수한 인식상태에 들어갈 수 있다. 그렇기 때문에 열정이나 고난과 근심으로 괴로워하는 사람도 자연을 한 번 홀가분한 시정으로 바라보는 것만으로도 갑자기 기운을 회복하고 명랑해지며 기운이 나게 된다. 여기에서 격정의 폭풍, 밀려드는 욕망과 두려움, 욕망으로 인한 모든 고통이 놀랍게도 일순간에 사라지게 된다."[16]

모차르트의 레퀴엠을 살펴보자. 레퀴엠(Requiem)은 라틴어로 안식이라는 뜻으로, 이 작품은 형식상으로는 죽은 이를 위한 곡이다. 그런데 실제로 이 곡을 들어보면 우리는 이 곡이 죽은 자만이 아니라 살아남은 자를 위로하기 위한 곡이라는 느낌을 받을 것이고, 이 곡의 전체적인 분위기를 통해 우리는 삶과 죽음에 대한 엄숙한 성찰을 읽어낼 수 있을 것이다. 또한 모차르트가 생을 거둠으로써 미완성으로 남은 레퀴

---

15 W1, 265(314)쪽.

16 W1, 281(334)쪽 이하.

엠의 '라크리모사'(Lacrisimosa) 부분을 듣고 우리는 비통한 감정을 느끼는 동시에 인간의 운명에 대한 위로를 얻을 수 있을 것이다. 이때 우리의 감정은 개별적인 사물의 존재에 대한 집착에서 벗어나게 되고 삶의 근원에 대한 깊은 성찰의 계기를 갖게 될 것이다. 우리는 예술작품을 경험하는 동안 우리의 "행복이나 불행은 사라져버리고 우리는 더 이상 개체가 아니라 단지 순수인식주관이 된다."[17]

예술경험은 이처럼 우리의 의식을 순수인식주관으로 이끌어가고 이념을 관조하게 하여 우리를 의지의 지배에서 벗어나게 한다. 즉 예술은 우리의 삶을 혼란스럽게 했던 욕망과 갈등을 사라지게 하는 것이다. 의지가 줄기차게 요구하는 욕망의 굴레에 사로잡혀 마치 익시온의 수레바퀴처럼, 그리고 탄탈로스의 갈증처럼 다가오는 '이 모든 존재의 고통'에서 벗어나게 되는 것이다. 예술은 우리로 하여금 객관에만 관심을 갖게 하고 사물들 사이에 놓인 개별성을 잊게 하며 근거율에 의존하는 삶을 벗어나게 한다. 쇼펜하우어는 이러한 예술의 적극적인 역할을 통해서 우리가 마치 에피쿠로스가 말하는 아타락시아(ataraxia)의 상태에 도달할 수 있다고 생각한다.

쇼펜하우어에 따르면 예술경험을 위해서 두 가지가 필요한데, 그것은 첫째, 개별적인 사물 너머에 있는 이념의 인식이고 둘째, 인식주관이 순수인식주관으로 이행하는 것이다. 이러한 두 가지 구성요소는 공통적으로 근거율에 대한 의존을 벗어남으로써 비로소 가능하다.

쇼펜하우어는 예술을 통해 이념을 조망할 때 우리가 경험하는 감정의 상태 중에서 중요한 것으로 숭고함을 언급한다.[18] 숭고함은 이념의

---

17 W1, 282(335)쪽.
18 쇼펜하우어는 예술경험을 미의 경험과 숭고함의 경험으로 구분한다. 이 양자는 둘 다 이념을 조망하는 것이라는 점에서는 같은 것이지만 이를 엄밀하게 구분하자면, 미는

조망이 우리에게 가져다주는 하나의 현상이다. 쇼펜하우어는 숭고함의 감정을 우리의 존재와 의지를 위협하는 자연현상을 경험할 때 느끼게 된다고 말한다. 예를 들면 깊은 산속에서 나무 바위 흙들이 고요와 적막 속에서 자신들의 존재를 견뎌내고 있는 환경을 목격할 때 우리는 의지의 욕구에 사로잡힌 우리 자신의 존재를 망각할 수 있는데, 이때 느끼는 우리의 감정이 숭고함이다. 그러나 쇼펜하우어에 따르면 이러한 숭고함에도 차원이 있다. 지금 말한 이러한 환경에서의 숭고함은 낮은 차원의 숭고함이다. 쇼펜하우어는 높은 단계의 숭고함을 다음과 같이 묘사한다. "[…] 우리가 분노한 자연력이 대규모로 싸우는 것을 바라볼 때, 미쳐 날뛰며 흘러내리는 물소리에 자신의 목소리까지도 들을 수 없을 때, 또는 폭풍우가 휘몰아치는 먼 바다에서 집채 같은 파도가 오르락내리락하면서 맹렬한 기세로 해안의 벼랑에 부딪쳐 하늘 높이 거품을 일으키고, 폭풍우는 사납게 울부짖고, 바다는 으르렁거리며 시커먼 구름에서 번개가 치고, 천둥소리가 폭풍우와 파도소리를 압도할 때 그러한 인상이 더욱 강해진다. 이때 이러한 광경을 의연히 바라보는 사람의 의식에는 이중성이 극도로 명확해진다. 즉 그는 자신을 개체로서, 자연력의 충격을 조금만 받아도 산산조각이 날 수 있는 무력한 의지현상으로 느끼는 동시에 막강한 자연에 맞서 어찌할 바를 모르고, 우연에 자신을 내맡긴 채 엄청난 힘에 의해 사라져가는 무로 느낄 것이다. 그런데 이와 동시에 그는 자신을 모든 객관의 조건으로서, 바로 이러한 세계 전체의 담지자인 고요하고 영원한 인식주관으로 느끼고 자연의 끔찍한 투쟁은 단지 그의 표상에 불과한 것으로 인식하며 인식주관 자

대상과의 관계를 스스로 부정하는 것에서 생겨나는 것이고, 숭고함은 대상에 의해서 개별자로서의 주관의 존재가 부정되고 순수인식주관으로 변화하는 것을 의미한다. W1, 296쪽 이하 참고.

체는 모든 의욕과 고뇌에서 벗어나 이와 무관하게 이념을 차분하게 파
악한다. 바로 이것이 숭고함에 대한 완전한 인상(Eindruck)이다."[19]

쇼펜하우어에 따르면 이러한 숭고함 앞에 선 인간은 자연의 존재감
이 가져다주는 엄청난 위력 앞에서 자신의 존재가 아무것도 아니라는
유한성을 처절하게 깨닫게 되고, 자신을 이끌어가는 의지의 지배로부
터 풀려나게 된다. 광활하고 광폭하게 펼쳐지는 자연의 힘 앞에서 우리
는 표상세계에서 벗어나게 되고, 나아가 그러한 자연 앞에서의 자신의
존재마저도 망각하게 된다는 것이다.

4. 천재와 예술의 한계

쇼펜하우어는 예술의 본질인 이념의 인식이 원칙적으로는 모든 사람에
게서 가능하다고 생각한다. 정도의 차이는 있지만 모든 사람에게는 이
념을 인식하는 가능성이 근본적으로 내재해 있음을 인정한다. 즉 우리
모두가 눈앞에 펼쳐진 세계에서 예술경험을 할 수 있다는 것이다. 쇼
펜하우어는 우리가 예술작품을 통해서 더 분명하게 이념을 경험할 수
있다고 말한다. 왜냐하면 예술작품 속에는 다양한 사물들의 동근원성
을 드러내는 이념이 반영되어 있기 때문이다.

하지만 예술작품에서 이념을 실제로 인식하는 것은 결코 쉬운 일이
아니다. 우리는 일상 속에서 철두철미하게 근거율과 개체화의 원리에
사로잡혀 있기 때문이다. 우리 대부분은 예술작품을 경험하면서도 단
지 세계를 표상으로 파악하게 하는 원리들에 사로잡히게 된다는 것이

---

[19] W1, 291(346)쪽. 쇼펜하우어는 칸트의 영향 속에서 숭고함을 '수학적 숭고'와
'역학적 숭고'로 구분한다.

다. 쇼펜하우어에 따르면 이러한 태도를 통해서는 결코 예술작품을 올바르게 이해할 수 없으며 당연히 이념을 경험하지 못하게 된다.

쇼펜하우어는 예술이 천재의 작품이라는 점을 강조하는데, 이것은 우회적으로 이러한 예술경험이 어려운 작업이라는 점을 우리에게 시사하는 것이다. 즉 개별성에 사로잡혀 있는 우리가 근거율의 원리에서 벗어나는 것이 결코 쉽지 않음을 고백하는 것이다. 예술의 의미는 오직 천재에게서 충실하게 음미될 수 있는 것이다.

여기에서 우리는 천재에게서 어떻게 예술경험이 가능한가라는 물음을 제기할 수 있을 것이다. 쇼펜하우어에 따르면 천재는 일상인과는 다른 능력을 지니는데, 그는 이것을 '관조'라고 부른다. 이러한 관조는 충분근거율에 사로잡혀 표상세계를 파악하는 인식능력과는 구분되어야 한다. 쇼펜하우어는 이 점에 대해 다음과 같이 설명한다. "이념은 앞서 언급한 것처럼, 객관에 완전히 몰입하는 순수한 관조를 통해서만 파악된다. 그리고 창조적 천재의 본질은 바로 그러한 탁월한 관조능력에 있다. 그러나 이러한 관조는 자기 자신과 자신의 관계를 완전히 잊는 것을 요구하기 때문에, 천재성이라는 것은 가장 완전한 객관성, 다시 말해 의지를 향해가는 주관적 방향과 다른 정신의 객관적 방향인 것이다. 이런 점에서 천재성은 순수하게 직관적으로 행동하고 직관에 몰입할 수 있는 능력이고, 근본적으로 의지에만 봉사하기 위해서 존재하는 인식을 이러한 봉사로부터 떼어놓는 능력, 즉 자신의 관심, 욕구, 목적을 전혀 안중에 두지 않고 자기 자신을 눈앞에서 완전히 포기하여 순수하게 인식하는 주관으로서, 맑은 세계의 눈으로서 남게 하는 능력인 것이다."[20]

---

20 W1, 266(315)쪽.

쇼펜하우어가 말하는 관조능력은 우리 일상인에게는 쉽게 찾아볼 수 없는 능력이다. 관조는 근거율에 사로잡혀서 세계를 표상으로서 파악하는 것이 아니기 때문이다. 우리 일상인은 너무나 쉽게 세계를 우리에게 나타나는 그대로 바라보며 항상 그렇게 자신이 경험한 바대로 세계가 존재할 것이라는 생각에 사로잡혀 살아간다. 이러한 삶은 세계를 결코 표상 이외의 것으로 생각하지 않게 한다. 우리가 세계를 파악하는 능력은 단지 충분근거율과 개체화의 원리에 사로잡혀 있는 소극적인 인식능력일 뿐이다. 물론 우리는 이러한 삶 속에서 일종의 위안을 얻을 수 있을 것이다. 이념을 조망하고 관조하면서 고통스러운 삶을 사는 천재가 누릴 수 없는 '특권'을 누린다고 말할 수도 있을 것이다. 우리 일상인은 눈앞의 현재에 만족하면서 살 수 있기 때문이다. 쇼펜하우어는 다음과 같이 말한다. "반면에 일상적인 사람은 일상적인 현재에 완전히 충족되고 만족하며, 현재에 충실한 다음 어디서든지 자신과 같은 사람을 발견하면서, 일상생활에서 천재가 누리지 못하는 특별한 편안함을 누리게 된다."[21]

이러한 만족은 천재의 삶에서는 발견되지 않는다. 여기에서 우리는 천재와 일상인의 차이를 확실하게 읽어낼 수 있다. 천재는 일상인과는 다른 관점을 갖고 세계에 다가가며, 이러한 천재의 관점은 일상적인 삶에 대한 거리감을 두게 한다. 일상인과는 달리 천재는 자신에게 주어진 일상적인 삶에서 벗어나 있는 것이다. 쇼펜하우어는 이 점을 다음과 같이 설명한다. "[…] 천재는 탁월한 인식력 때문에 의지에 봉사하는 것에서 벗어나서 삶 자체를 고찰하는 데 시간을 보내며, 개별 사물의 관계를 고찰하는 것이 아니라 모든 사물들의 이념을 고찰하려고 노력한다.

---

21   W1, 267(316)쪽.

그렇기 때문에 그는 종종 인생에서 자신의 길을 고찰하는 것을 소홀히
하며 대체로 실제 생활에서 아주 서투르게 살아간다."²² 일상인과 달리
천재는 오히려 일상성에 충실하지 못하게 된다. 그 이유는 일상에서의
의미 있는 생활은 개별적인 사물들을 연결하는 근거율과 개체화의 원
리에 대한 관심을 통해서만 가능하기 때문이다. 우리가 이러한 원리들
에 얽매이면 얽매일수록 우리는 일상의 세계, 즉 표상세계에 사로잡히
게 된다. 반면에 천재는 개별적인 사물에 얽매이지 않으며 사물들의 이
념에 집착하게 된다.

  쇼펜하우어에 따르면 천재의 정신적인 특성은 수학과 논리학에 대한
무관심에서 잘 드러난다. 쇼펜하우어는 이 점을 다음과 같이 설명한다.
"수학의 고찰은 현상의 가장 보편적인 형식들인, 그 자체로 근거율의
형식들에 불과한 공간과 시간에 대한 고찰이기 때문에 모든 관계를 도
외시하고 현상의 내용을, 즉 현상 속에서 나타나는 이념을 찾는 고찰과
는 정반대의 것이다. 그 밖에도 수학의 논리적인 취급방식은 본래적인
통찰을 방해하고 이러한 통찰을 충족시키지 않으며 인식의 근거율에
의해서 추리의 단순한 사슬만을 나타내면서, 다시 말해 증거로서 원용
하는 이전의 모든 명제들을 잊지 않기 위해서 온갖 정신력 중에서 기억
력을 가장 많이 요구하기 때문에 이러한 수학의 논리적인 취급방식은
천재에게는 마음에 들지 않을 것이다."²³

  우리는 이러한 쇼펜하우어의 주장에서 천재가 자신의 관조 속에서
사물들의 이념을 그의 예술작품 속에서 드러낸다는 것을 알 수 있다.

---

22 W1, 269(318)쪽.
23 W1, 270(320)쪽. 쇼펜하우어는 이러한 설명에 대한 예로서 탁월한 수학자들이 예
술을 올바르게 이해하지 못하는 점 그리고 천재적인 예술가들이 수학을 이해하지 못한
다는 점을 제시한다.

예술작품은 바로 천재가 인식한 이념들을 자신의 방식으로 드러내는 장소인 것이다. 우리는 예술작품을 경험하면서 천재에 의해서 드러난 사물에 대한 이념들을 간접적으로 조망할 수 있다. 물론 우리는 여기에서 이러한 예술작품을 천재보다 우리가 더 잘 인식한다고 해서는 안 될 것이다. 비록 천재는 예술작품을 통해서 자신이 관조한 이념들을 드러내는 것은 사실이지만 이러한 이념의 진정한 이해는 우리보다는 천재 자신의 일이기 때문이다.

쇼펜하우어는 예술이 우리로 하여금 세계를 경험하는 새로운 차원의 상태, 즉 이념세계를 경험하게 해주는 점에 주목한다. 그러나 쇼펜하우어에 따르면 이념의 조망은 맹목적인 의지에 의해서 야기되는 종속과 소외에서 완전히 벗어나게 해주지는 않는다. 직관을 통해서 이념의 조망을 수행한다고 해도 이러한 이념의 조망이 가져다주는 만족과 안정은 일시적이라는 것이다. 즉 예술경험, 이념의 조망을 통해 우리는 잠시 의지의 지배로부터 벗어날 수 있는 기회를 가질 수 있지만, 그렇다고 그것이 우리의 삶과 세계의 본질적인 의미에 대한 통찰을 제공해주지는 않는다는 것이다. 쇼펜하우어는 이 점에 대해 다음과 같이 말한다. "[…] 우리의 의지나 인격에 대해서 순수하게 직관된 객관의 어떤 관계가 다시 의식되자마자 곧바로 마법은 끝나버리고, 우리는 다시 근거율에 지배되는 인식에 사로잡혀 이제 더 이상 이념이 아닌 개별적인 사물과 거기에 속하는 연쇄의 고리를 인식하게 되며, 우리는 또다시 모든 고뇌를 짊어지게 되는 것이다."[24]

예술가의 삶은 이념의 관조를 위해서 헌신적으로 예술가 자신과 우리에게 세계를 이해하는 새로운 시선을 제공하지만, 이러한 시선은 일

---

24 W1, 281(335)쪽.

시적으로만 존재할 뿐이다. 예술이 아무리 주관과 객관의 구분을 멈추게 한다고 할지라도 그것은 아주 순간적일 뿐이며, 우리 마음에 일어나는 격정과 분노, 공포, 불안 등을 사라지게 한다고 할지라도 이때 얻는 고요는 폭풍전야의 고요일 뿐이다. 우리의 삶이 지닌 근원적인 본능 때문에 우리는 또다시 근거율에 사로잡히게 되고 사물들을 개별자로 파악하는 태도를 취하게 된다. 물론 예술은 "의지에 봉사하는 것에서 인식작용이 해방하는 것이고, 개체로서의 자아를 망각하는 것이며, 의지를 순수하고 욕구가 없으며 시간에 얽매이는 모든 관계들과 무관한 인식주관으로서 승화시키는 것이다."[25] 우리는 예술을 통해서 세계를 표상으로 파악하는 추상적인 사유와 인식에서 벗어나서 사물들 사이에 놓여 있는 근원적인 이념을 조망할 수 있다. 그러나 예술은 이념의 조망을 통해서 의지에 종속되어 세계를 표상으로 파악하는 태도를 일시적으로 멈추게 하는 역할을 할 뿐 근원적으로 이러한 의지와의 단절을 가능하게 하지는 못한다. 이념은 단지 사물들 사이를 일정한 틀에서 연결시키는 근거율로부터 우리의 눈을 벗어나게 할 뿐이다. 이념의 조망을 통해서 예술은 근거율에 대한 집착에서 벗어나게 하지만 근본적으로 그러한 근거율에 대한 집착을 만들어내는 의지의 지배에서 우리를 구원하지는 못하는 것이다. 쇼펜하우어는 여기에서 예술의 긍정적인 역할에도 불구하고 예술의 한계를 인정한다.

---

25 W1, 283(337)쪽 이하.

6
쇼펜하우어의 형이상학

1. 삶에의 의지와 죽음

쇼펜하우어는『의지와 표상으로서의 세계』의 마지막인 네 번째 부분에서 자신의 형이상학을 명확하게 드러낸다. 쇼펜하우어는『의지와 표상으로서의 세계』를 내용적으로 각각 인식론, 존재론(자연철학), 미학, 형이상학으로 구분하여 논의를 전개한다. 물론 쇼펜하우어가 강조하듯이, 이 네 가지 부분이 서로 독립적으로 존재하는 것이 아니라 유기적으로 연결된다. 그러나 비록 이 네 가지 부분이 서로 긴밀하게 연결된다고 하더라도, 우리가 지금부터 다루게 되는 네 번째 부분이 그의 철학을 이해하는 데 매우 중요하다는 사실을 명심해야 한다. 쇼펜하우어 자신도 이 부분이『의지와 표상으로서의 세계』에서 가장 중요한 부분이라는 점을 강조한다.[1] 쇼펜하우어가 이 부분을 중요하게 생각하는 이유는 앞부분까지의 논의가 자신의 철학이 지닌 이론적인 측면을 제시한 반면에 네 번째 부분에서는 자신의 실천철학을 드러내준다고 생각하기

1　W1, 375(455)쪽 참고.

때문이다. 이러한 쇼펜하우어의 입장은 『의지와 표상으로서의 세계』 네 번째 부분의 제목 아래에서 인용한 『우프네카트』의 한 구절인 '인식이 생겨나는 순간에 욕망이 사라져버렸다'에서도 잘 드러난다.[2] 이러한 인용은 쇼펜하우어의 철학이 우리의 삶을 지배하는 모든 욕망의 근원으로부터 초월하려는 실천적인 목표를 지니고 있음을 암시하는 것이다. 쇼펜하우어도 자신의 철학이 인간의 근원적인 행위, 즉 삶과 세계에 대한 인간의 진정한 태도에 대해서 논의하고 있음을 강조한다. 이러한 강조를 통해 우리는 전통철학에 대해 비판적인 태도를 확인할 수 있다. 우리는 이것을 다음과 같은 언급에서 살펴볼 수 있다. "철학은 어디에서도 눈앞에 있는 것(das Vorhandene)을 해석하고 설명하는 것, 구체적으로 말하자면, 감정으로서 모든 사람에게 이해되어 말해지는 세계의 본질을 — 그러나 이것이 가능한 모든 관계 속에서 그리고 모든 관점에서 — 이성의 명확하고 추상적인 인식으로 표현하는 것 이외의 일을 할 수는 없다."[3]

쇼펜하우어에 따르면 전통철학은 철학의 본래적 과제를 수행하지 않는다. 전통철학은 세계의 본질을 탐구하는 것이 아니라 단지 근거율에 사로잡혀 세계를 제한적으로 파악할 뿐이다. 즉 쇼펜하우어는 전통철학이 고대 인도인들이 마야의 너울이라고 부르는 것에 사로잡혀 있을 뿐이라고 생각한다. 쇼펜하우어는 이러한 전통철학을 비판하면서 자신의 철학이 지닌 특징을 다음과 같이 강조한다. "세계에 대한 진정한 철학적 고찰방식, 다시 말해 우리에게 세계의 본질을 인식하도록 가르쳐

2 우프네카트는 고대 인도의 우파니샤드를 페르시아어로 번역한 것을 다시 라틴어로 번역한 것이다. 쇼펜하우어는 이 책을 통해서 고대 인도사상의 핵심을 접하게 된다. 이러한 계기는 고대 문헌학자였던 마이어와 만남을 통해서 이루어진다.
3 W1, 376(456)쪽.

서 현상을 넘어서게 하는 고찰방식은 언제, 어디에서, 왜를 묻지 않고
세계의 무엇, 즉 본질만을 묻는 고찰방식이다. 즉 사물들을 그 어떤 관
계에 따라서 생성되고 소멸되는 것으로, 즉 근거율의 네 가지 형태들
중에서 어느 하나를 따르는 것으로 고찰하는 것이 아니라 근거율을 따
르는 고찰방식을 모두 제거해도 여전히 남아 있는 것, 즉 모든 관계들
속에서 나타나지만, 그것에 종속하지 않고 언제나 스스로 세계의 동일
한 본질, 그 세계의 이념을 대상으로 갖는 것을 고찰하는 것이다."[4]

쇼펜하우어는 진정한 철학이란 세계와 삶의 본질에 대해서 탐구하는
것이라고 생각한다. 쇼펜하우어에 따르면 철학은 공허한 개념들, 예를
들면 '절대적인 것', '무한한 것', '초감각적인 것'을 탐구하는 것이 아
니라 구체적인 현실세계를 탐구해야 하는 것이다. 쇼펜하우어는 다음
과 같이 말한다. "이러한 현실세계는 내용이 아주 풍부하여 인간정신이
할 수 있는 가장 심오한 연구조차도 그 세계를 남김없이 파헤칠 수 없
을 것이다."[5] 철학이 탐구해야 하는 현실은 의지가 지배하는 세계이다.
앞에서 쇼펜하우어는 근거율에 의해서 세계가 표상으로 파악되는 것을
언급했는데, 사실은 표상세계는 의지의 지배를 받는 지성에 의해서 파
악된 세계일 뿐이다. 우리는 이 점을 스피노자의 능산적 자연과 소산적
자연의 개념으로 설명할 수 있다. 지성의 차원에서 우리는 세계가 서로
다른 개별자로 구성되며, 이러한 개별자들이 서로 다른 목표를 향해서
존재하는 것으로 이해한다. 이것은 자연을 개별적 존재들이 다양하게
현상하는 것으로 파악하는 스피노자의 소산적 자연의 개념과 연결될
수 있다. 그러한 개별자와 표상세계는 실제로 모두 의지의 드러남이라

---

4 W1, 379(460)쪽.

5 W1, 377(458)쪽.

는 점에서 통일적인 특성을 지닌다. 이것은 스피노자가 자연을 능산적 자연으로 표현하는 것과 비슷하다고 할 수 있다.

쇼펜하우어는 이제 의지가 지배하는 우리의 삶에 대해서 논의하고자 한다. 근거율에 지배되는 표상세계, 의지가 객관화된 자연, 이념을 조망하는 것의 의미에 대해서 이야기한 것은 모두 우리의 삶을 지배하는 의지에 대해서 논의하기 위한 것이었다고 할 수 있다. 다시 말해 지금까지의 논의는 의지의 지배를 받는 인간의 삶에 대해서 논의하기 위한 것이다. 쇼펜하우어는 이런 이유로 의지의 형이상학을 전개한다.

쇼펜하우어는 먼저 의지를 '인식이 없고 단지 맹목적이고 제어할 수 없는 충동'[6]이라고 정의한다. 의지는 존재하는 모든 사물들 속에 그리고 인간의 삶 속에 깃들어 있다. 그러나 충동으로서의 의지는 우리의 삶에 명확한 의미를 부여하는 것이 아니라 그저 지속적으로 욕구를 느끼게 할 뿐 그러한 욕구의 정당성이나 의미를 충분하게 제시하지 않는다. 우리는 의지의 충동적이고 맹목적인 측면을 까뮈의 소설『이방인』의 주인공 뫼르소의 부조리한 삶에서 읽어낼 수 있다. 뫼르소는 여자 친구인 마리와 만남을 갖지만 결코 그것은 그의 삶에 의미를 가져다주지 않는다. 이웃인 레이몽이 폭력적인 매춘업자라는 것을 알지만 뫼르소에 내면에 깃들어 있는 그 어떤 맹목적인 충동으로서의 의지가 그에게 관심을 갖게 한다. 이후에 뫼르소는 우여곡절 끝에 레이몽의 아랍인 여자 친구의 오빠를 죽이게 되지만 뚜렷한 살해 이유와 동기를 찾아내지 못한다. 그는 맹목적이고 충동적인 의지의 지배 속에서 자신의 삶을 이어갈 뿐이다. 감옥에 면회 온 신부의 권고에도 불구하고 그는 신앙, 즉 신의 구원도 받아들이지 않는다. 뫼르소는 지속되지만 불합리하고

---

6 W1, 380(461)쪽.

이해할 수 없는 자신의 삶이 지닌 부조리성을 설명할 수 없기 때문이다. 그는 결국 죄의 대가로 감옥에서 처형되지만 죽음 앞에서도 자신의 삶을 갈망할 만한 이유, 즉 자신이 존재해야 할 명확한 이유를 스스로 찾지 못한다. 까뮈의 『이방인』에서 드러나는 전반적인 부조리한 삶의 여정들은 아마도 쇼펜하우어가 말하는 의지가 지닌 충동적이고 맹목적인 특성 그리고 근거율에 의해서 설명할 수 없는 특성을 우회적으로 드러내는 역할을 한다고 할 수 있다.

쇼펜하우어는 맹목적이고 충동적이며 부조리한 의지가 우리의 모든 삶을 이끌어간다고 확신한다. 우리가 도처에서 경험하는 인간의 삶은 모두 이러한 의지의 드러남이다. 달리 말하자면 의지는 우리의 모든 삶을 통해서 드러나게 된다. 쇼펜하우어는 삶과 의지의 긴밀한 관계 또는 운명적인 관계를 설명하기 위해서 '삶에의 의지'(der Wille zum Leben)라는 독창적인 표현을 사용한다. 쇼펜하우어는 삶과 의지의 긴밀성을 다음과 같이 설명한다. "의지는 물자체이고 세계의 내적인 내용물이며 본질적인 것이지만, 삶, 가시적인 세계, 현상은 의지의 거울이기 때문에 물체가 그림자를 동반하듯이 의지는 이러한 삶, 가시적인 세계, 현상을 동반하게 된다."[7]

쇼펜하우어에 따르면 그의 철학은 삶에의 의지가 지닌 특성을 파악하는 것을, 즉 삶에의 의지에 대한 고찰을 우선적인 과제로 삼는다. 그런데 우리는 여기에서 과연 이러한 삶이 무엇인지에 대해서 살펴보아야 한다. 쇼펜하우어에 따르면 이러한 삶이 지닌 형이상학적 특성은 다음과 같이 요약할 수 있다. 첫째, 우리의 삶은 의지현상이라는 점이다. 우리는 도처에서 삶을 경험할 수 있지만 이러한 삶은 그 자체로 존재하

---

7   W1, 380(461)쪽.

는 것이 아니라 의지와의 연관성 속에서 존재할 수 있다는 것이다. 의
지가 자기 자신을 특정한 현상 속에서, 즉 특정한 개체들의 세계 속에
서 드러낼 때 비로소 삶이 시작된다. 그런 점에서 삶은 개별적인 개체
에게 고유한 것이다. 둘째, 모든 삶은 반드시 죽음을 동반한다는 점이
다. 하나의 개체에게 주어진 삶이라는 선물은 언젠가는 죽음이라는 현
상을 통해서 그 받은 선물을 되돌려주어야 한다는 것이다. 이런 점에서
삶과 죽음은 모든 존재가 반드시 경험해야만 하는 근원적인 현상이다.
쇼펜하우어는 이 점에 대해 다음과 같이 말한다. "태어남과 죽음은 동
일한 방식으로 삶에 속하고 서로 제약을 가함으로써 균형을 유지하며,
또는 이러한 표현이 어떨지는 모르겠지만 삶의 현상 전체의 양극으로
균형을 유지한다."[8] 한 개체에게 삶이 가능한 것은 그것이 시간과 공간
그리고 인과율에 종속되어 있기 때문인데, 여기에서 당연히 개체는 유
한한 존재를 지녀야만 할 것이다. 만약 하나의 개체가 영원하다고 한다
면, 그러한 개체는 그 자신이 존재하기 위한 개체화의 원리를 벗어나게
되므로 태어남, 즉 삶이 불가능할 것이다.

　우리는 쇼펜하우어가 제시하는 이러한 삶의 형이상학적 특징에서 삶
의 상대성과 유한성을 읽어낼 수 있다. 즉 살아 있는 모든 존재는 어떤
식으로든 반드시 소멸, 즉 죽음을 맞이할 수밖에 없다는 것이다.[9] 비록
모든 존재가 삶에의 의지로 가득 차 있지만, 삶에의 의지는 개체의 불
멸성이나 영원성을 의미하는 것이 아니라 우리의 삶이 의지에 의해서

8　W1, 381(462)쪽.
9　쇼펜하우어는 삶과 죽음의 관계를 다음과 같이 설명한다. "일반적인 삶은 이러한
생존 자체를 둘러싼, 결국 질 수밖에 없는 끊임없는 투쟁에 불과하다. 그런데 대부분의
삶으로 하여금 이러한 힘겨운 투쟁을 견디도록 하는 것은 삶에 대한 사랑이라기보다는
오히려 죽음에 대한 두려움이다." W1, 429(518)쪽.

지배되는 유한한 현상세계에 머물러 있을 뿐이라는 점을 말해준다. 우리는 삶에의 의지 속에서 영원한 삶을 갈망하지만, 역설적으로 우리에게 삶에의 의지는 개체의 소멸을 가져다주는 것이다.

　반면에 의지 자체는 영원하고 불변하며 소멸하지 않는다. 의지가 포괄적으로 드러나는 자연은 그런 점에서 개체의 유한성을 넘어선다. 개체는 자연에 비해서 상대적인 존재만을 지닐 뿐이다. 이 점에서 우리는 개체의 존재의미는 덧없는 것이라고 말할 수도 있다. 의지가 끊임없이 드러나는 자연과는 달리 개체의 삶은 유한하니 말이다. 이 점을 쇼펜하우어는 다음과 같이 강조한다. "그러나 삶에의 의지는 — 이러한 의지현상에 의해서 개체는 마치 하나의 예나 견본으로 있을 뿐인데 — 자연 전체가 한 개체가 죽었다고 해서 약해지지 않듯이 비방을 받지 않는다. 왜냐하면 자연에서 중요한 것은 개체가 아니라 오로지 종이기 때문이며 자연은 그러한 종의 유지를 위해서 진지하게 노력하기 때문이다. […] 이에 반해서 개체는 자연에게 아무런 가치가 없다. 무한한 시간, 무한한 공간 그리고 이들 속에 있는 가능한 개체의 무한한 수가 자연의 왕국이기 때문이다. 여기에서 자연은 항상 개체들을 제거해버릴 준비가 되어 있는 것이다. 따라서 개체는 수많은 방식으로 허무하게 몰락할 수 있을 뿐만 아니라 이러한 몰락은 이미 본래적으로 정해진 것이고, 종족의 유지에 봉사하는 그 순간부터 자연 자체에 의해서 이끌려가는 것이다."[10]

　삶과 의지를 연결시키는 삶에의 의지라는 개념이 우리에게 제시하는 흥미로운 점은 모든 존재, 즉 모든 개체는 삶을 선물로 받았듯이 죽음

---

10 W1, 382(463)쪽. 자연 전체에 대해서 개체의 유한성을 강조하는 쇼펜하우어의 입장은 모든 유한자의 존재방식을 절대자의 관점에서 해석하는 헤겔의 입장, 특히 그의 '이성의 책략'(List der Vernunft)이라는 용어와 형식적으로 유사하다고 할 수 있다.

도 선물로 받아야 한다는 것이다. 쇼펜하우어에 따르면 모든 개체는 반드시 죽음을 경험해야 한다. 모순처럼 보이지만 우리는 오히려 모든 존재가 삶의 측면과 죽음의 측면을 동시에 갖는다는 점을 인정해야 할 것이다. 쇼펜하우어는 의지에 의해서 지배되는 개체로서의 삶이 갖고 있는 모순적인 모습을 다음과 같이 단호하게 언급한다. "[…] 삶 전체가 존재하는 것은 전적으로 형태를 확고하게 고집하는 물질의 지속적인 변화 이외에 다른 것이 아니다. 바로 그것이 소멸하지 않는 종 곁에 있는 개체의 소멸성인 것이다."[11]

쇼펜하우어에 따르면 우리는 죽음에 대해서 부정적으로 받아들일 필요가 없다. 왜냐하면 죽음은 살아 있는 모든 존재에게 반드시 다가오는 근원적인 현상이기 때문이다. 죽음은 우리라는 개체를 선택한 의지가 이제 우리가 아니라 다른 개체를 선택하는 과정에서 일어나는 자연스러운 현상일 뿐이다. 만약 우리가 죽음을 회피하려 한다면, 즉 우리가 현재의 개체로서 영원한 삶을 누리고자 한다면 그것은 완전히 잘못되고 불가능한 것이라고 할 수 있다. 왜냐하면 "[…] 항상 다른 개체들을 통해서 대체되는 자신의 개체성 지속을 요구하는 것은 자신이 지닌 신체의 물질적 영속을 요구하는 것과 마찬가지로 불합리한 것이기 때문이다."[12]

쇼펜하우어는 우리가 죽음에 대해서 두려움을 가질 필요는 없다고 말한다. 죽음은 '개체성이 잊히는 잠'[13]이라는 쇼펜하우어의 주장에 주목해보자. 그는 여기에서 죽음을 일종의 지속되는 잠으로 규정한다. 우리가 꿈을 꾸지 않는 잠을 잘 때 우리의 의식은 잊힌다. 우리의 신체가

비록 살아 있다 하더라도 우리의 의식이 아무런 활동을 하지 않을 때, 우리는 개체로서의 우리의 존재를 자각하지 못하는 것이다. 여기에서 쇼펜하우어는 이러한 잠의 상태가 지속되는 상태를 죽음에 비유하며, 우리가 그러한 잠에서 계속 깨어나지 않는 한 그것은 바로 죽음과 같은 것이라고 설명한다. 죽음을 통해서 우리의 개체성이 잊히지만 우리라는 개체 속에 머물러 있던 삶에의 의지는 다른 개체로 옮겨갈 뿐이다. 즉 죽음을 맞이한 개체 속에 존재했던 의지 자체는 사라지는 것이 아니라 단지 의지가 드러났던 개체의 개체성이 사라져버리는 것일 뿐이다. 우리는 여기에서 의지의 냉혹함을 말할 수도 있겠지만, 쇼펜하우어가 우리에게 삶과 죽음이라는 현상의 상대성, 유한성 심지어는 허구성까지 언급한다는 점에 주목해야 할 것이다.[14]

---

14 쇼펜하우어는 우리의 삶이 결코 과거나 미래 속에 존재하지 않는다는 점을 강조한다. 과거나 미래라는 개념은 우리가 근거율에 의해서 만들어낸 허구적인 개념일 뿐이라는 것이다. 이 점에서 쇼펜하우어는 다음과 같이 말한다. "어떤 누구도 과거 속에 살지 않았고, 어떤 누구도 미래 속에 살지 않을 것이다. 현재만이 모든 삶의 형식이고, 결코 삶에서 빼앗아갈 수 없는 삶의 확실한 소유물인 것이다." W1, 384(466)쪽. 쇼펜하우어는 현재의 중요성에 대해서는 다음과 같이 주장한다. "그러나 실제적인 객관은 오직 현재 속에서만 존재하고, 과거와 미래는 단순한 개념과 환영만을 포함한다. 따라서 현재는 의지현상의 본질적인 형식이고, 그러한 의지현상과 분리할 수 없다. 현재만이 언제나 존재하고, 부동적인 것이다." W1, 385(467)쪽. 쇼펜하우어가 이렇게 현재를 중요하게 생각하는 것은 존재가 시간에 의존한다는 점을 드러내는 역할을 한다. 이것은 의지현상, 즉 삶에의 의지가 시간 속에서 자신을 드러낸다는 사실을 말해준다. 그러나 그가 현재를 중요하게 생각하는 또 다른 이유는 우리가 갖는 죽음에 대한 두려움을 비판하기 위한 것이다. 하나의 개체로서의 우리의 죽음은 더 이상 현재 속에 놓이지 않음, 즉 개체의 비존재를 의미하는데, 그런 점에서 죽음과 함께 우리의 존재를 자각할 수 있는 현재도 사라져버리기 때문에 우리는 죽음에 대해서 두려워할 필요가 없다는 것이다. 우리가 갖는 죽음에 대한 두려움은 오히려 우리가 살아 있기 때문에 갖는 것일 뿐이며, 우리는 결코 우리가 실제로 죽음 이후에 우리의 존재를 의식할 수 있는 현재를 소유하지 않는다. 그러므로 우리가 죽음에 대해서 느끼는 두려움은 현재 살아 있는 자만 갖는 일종의 형이상학적 허영일 뿐이라고 할 수 있다. 즉 그는 우리가 죽음에 대해

2. 고통과 염세주의

쇼펜하우어는 우리가 오로지 관심을 두어야 할 것은 현재뿐이라고 주장한다. 즉 우리의 현재의 삶이 지닌 의미를 분석해야 한다는 것이다. 그에 따르면 우리의 현재적인 삶은 전적으로 삶에의 의지에 의해서 이끌려간다. 쇼펜하우어는 의지에 의해서 지배되는 인간의 삶을 설명하기 위해서 '지적 성격'과 '경험적 성격'이라는 개념을 사용한다. 쇼펜하우어는 특정한 시간과 공간 그리고 특정한 이유에 의해서 다양하게 나타나는 인간의 행위가 경험적 성격에 의해서 설명될 수 있다고 본다. 그는 경험적 성격에 의해 인간은 외부의 영향을 받지 않고 인간 스스로가 행위를 결정하는 것으로 생각한다고 말한다. 이로 인해 인간이 자유의지를 갖고 있을 것이라고 생각하기 쉽지만, 이러한 생각은 잘못된 것이다. 인간의 행위를 경험적 성격을 통해서 설명하는 것은 인간의 행위를 제한적인 측면에서 파악하는 것에 불과하기 때문이다. 쇼펜하우어는 여기에서 다음과 같이 말한다. "인간은 자유로운 의지현상이지만 그렇다고 결코 자유롭지는 않다. 왜냐하면 바로 그 의지의 자유로운 의욕으로부터 인간은 이미 결정된 현상이기 때문이다."[15] 이것은 인간의 다양한 행위를 가능하게 하는 인간행위의 경험적 성격이 사실은 지적 성격에 의해서 제약된다는 점을 말해주는 것이다. 인간의 삶은 의지가 자

서 갖는 두려움의 형이상학적 허구성을 폭로하는 것이다.

15 W1, 398(482)쪽. 쇼펜하우어에 따르면 인간행위의 자유를 상정하는 것은 영혼의 존재를 상정하는 것과 관련이 있다. 이 점에 대해 그는 다음과 같이 설명한다. "의지의 경험적인 자유, 즉 아무런 영향을 받지 않는 자유로운 의지결정의 주장은, 인간의 본질을 근원적으로 인식하는 존재, 즉 본래 추상적으로 사유하는 존재일 수 있고 이러한 결과로 의욕하는 존재일 수 있는 하나의 영혼으로 간주하는 것과 아주 긴밀하게 관계가 있다." W1, 402(488)쪽 이하. 이러한 쇼펜하우어의 생각은 기본적으로는 칸트가 자유의 조건으로 영혼의 존재, 즉 불멸하는 영혼을 가정하는 것과 관련된다.

신을 드러내는 것이며 삶에의 의지에 지배되는 것이기 때문에 인간의 행위는 의지에 전적으로 제약될 뿐이다. 우리는 인간의 행위에서 현상적으로 드러나는 경험적 성격만을 고려하면서 인간의 자유의지를 상정하게 되는 것이다.[16] 쇼펜하우어에 따르면 이렇게 인간행위의 자유로움을 상정하는 것은 하나의 '가상'일 뿐이다.

  인간의 삶은 철두철미하게 의지에 의해서 지배를 받는다. 의지는 우리의 삶을 위해서 존재하는 것이 아니라 의지 자신이 존재하기 위해서 우리의 삶을 허용하는 것이다. 엄밀하게 말하자면 우리의 삶은 우리를 위한 것이 아니라 단지 의지가 자신을 드러내는 과정일 뿐이다. 이러한 삶을 우리의 입장에서 기술한다면 그것은 결코 의미 있는 것이 아니다. 의지의 지배를 받는 우리의 삶은 맹목적인 삶에의 의지의 욕구를 충족시키는 하나의 일시적인 수단일 뿐이기 때문이다. 우리는 이런 이유에서 끊임없이 자신과의 갈등과 대립을 경험하게 된다. 여기에서 쇼펜하우어는 양심의 가책을 예로 든다. 우리는 살아가면서 자신의 행동에 대해서 끊임없이 후회하고 안타까워한다. 자신이 행한 행위를 비판하는 이러한 양심의 가책은 우리가 살아가면서 경험하는 숙명적인 현상이다. 그러나 그에 따르면 이러한 양심의 가책은 도덕적 정언명령의 존재를 드러내거나 인간의 윤리적 본성을 말해주는 것이 아니라 모든 존재에게 드러나는 의지가 우리의 삶을 철두철미하게 지배한다는 사실에 대한 단순한 승인일 뿐이다. 달리 말하자면 이것은 맹목적인 삶에의 의지가 가져다주는 삶의 고통을 인식하는 계기로 작용한다. 우리가 우리

---

16 엄밀하게 말하자면 인간의 행위가 성격에 의해서 결정된다는 측면에서는 비록 경험적 성격이 지적 성격과 구분된다고 하더라도 인간의 행위는 자유로운 것이 아니라고 말해야 할 것이다. 쇼펜하우어는 인간의 자유의지에 대한 상세한 논의를 그의 현상논문에서 상세하게 전개한다.

의 행위에 대해서 양심의 가책을 느끼면 느낄수록 우리는 의지의 맹목성에 대해서 고통스러워한다는 사실을 의미한다.

쇼펜하우어에 따르면 우리의 삶은 고통스러운 것이다. 그는 마치 불교의 기본주장처럼 '모든 것은 고통이다' 라고 고백한다. 고통은 특정한 존재에게만이 아니라 모든 존재에게 주어진 것이다. 왜냐하면 의지는 예외 없이 존재하는 모든 것 속에서 자신을 드러내기 때문이다. 우리가 삶에의 의지에 이끌려서 충실하게 의지가 요구하는 것을 얻으려고 애를 쓰면 쓸수록 우리는 의지에게 종속되며 우리 자신은 혼란스러움에 사로잡히게 된다. 우리가 삶에의 의지를 통해서 자신의 욕구를 충족시킬수록 우리의 삶은 더욱더 새로운 삶에의 의지에 의해서 지배되며, 이러한 상황은 계속해서 악순환을 맞이하게 되는 것이다. 의지의 충족이 커지면 커질수록 새로운 욕구가 새롭게 생겨나기 때문이다. 의지에게는 결코 최종목표라는 것은 존재하지 않는다. "목표에 도달해도 노력이 끝나지 않기 때문에, 노력은 결코 최종적인 만족을 얻지 못하고, 저지됨으로써 끝날 뿐이며, 그냥 놓아두면 무한히 나아가는 것이다."[17] 이러한 삶에의 의지의 집요한 억압 속에서 결국 우리는 의지에게 순종하는 삶을 당연한 것으로 받아들이게 된다. 쇼펜하우어는 의지에 사로잡힌 이러한 인간의 숙명적인 상태를 다음과 같이 비유한다. "우리는 포획된 코끼리가 며칠 동안이나 무섭게 미쳐 날뛰고 몸부림치다가, 그러는 것이 아무 소용 없다는 것을 알고서는 갑자기 조용히 목덜미에 멍에를 매게 하고, 이후부터는 계속 길들여진 상태로 있는 상황과 같다."[18]

그런데 여기에서 주목해야 할 것은 삶에의 의지는 자기 자신의 존재

---

17 W1, 423(512)쪽 이하.
18 W1, 421(509)쪽.

만을 억압하는 것이 아니라는 점이다. 모든 존재에게 깃들어 있는 삶에의 의지는 자기 자신이 삶에의 의지를 충실하게 실현하기 위해서 타인이 지닌 삶에의 의지도 억압한다는 점이다. 우리가 제한된 삶의 환경 속에서 더 많은 이익을 얻기 위해서 또는 더 좋은 생존조건을 획득하기 위해 타인과 끊임없는 투쟁을 전개하는 것처럼, 삶에의 의지가 자기 자신을 유지하는 유일한 수단이 투쟁인 것이다. 삶에의 의지가 깃들어 있는 한, 그것이 무기물이든지 유기체든지 상관없이 모든 존재는 투쟁의 운명에 내던져진 것이다. 이러한 투쟁은 일시적으로 전개되는 것이 아니라 다른 존재가 소멸할 때까지 또는 자기 자신이 소멸할 때까지 계속된다. 삶에의 의지는 우리를 끊임없는 갈망(Streben) 속에 내던져버리는 것이다. "우리는 이러한 세계의 현상이 지속적인 고뇌에 사로잡혀 지속적인 행복을 갖지 못함을 본다. 모든 갈망은 부족에서, 자신의 상태에 대한 불만에서 생기기 때문에 갈망이 충족되지 않는 한 그것은 고뇌이기 때문이다. 그런데 만족은 영속적인 것이 아니라 오히려 항상 새로운 갈망의 출발점에 불과하다. 우리는 도처에서 갈망이 저지되고, 다투는 것을 본다. 그러므로 그런 한에서 갈망은 항상 고뇌로서 나타난다. 즉 갈망의 최종 목표는 존재하지 않기 때문에 고뇌의 정도도 한계가 없는 것이다."[19] 모든 개체의 삶은 전적으로 이러한 투쟁으로 점철되어 있으며, 모든 존재의 삶은 고통스러운 것이다.

쇼펜하우어는 모든 존재의 삶이 공통적으로 고통이라고 진단하면서도, 고통은 개체에 따라서 정도의 차이가 있다고 주장한다. 그에 따르면 동물보다 인간이 겪는 고통이 훨씬 크다. 인간은 동물보다 더 많은

19　W1, 425(514)쪽.

사유능력을 갖고 있기 때문이다.[20] 인간은 직관적인 표상세계에 머무르
는 동물들의 삶과는 달리 '추상적인 사유'를 갖고 있기 때문에 더 고통
스럽다는 것이다. 쇼펜하우어는 이 점에 대해 다음과 같이 말한다. "우
리의 가장 큰 고통은 직관적인 표상이나 직접적인 감정으로서 현재 속
에 있는 것이 아니라, 추상적인 개념들이나 고통스러운 생각으로서 이
성 속에만 존재하기 때문이다. 오로지 현재 속에서만 살기 때문에 우리
가 부러워할 만큼 아무 걱정 없이 살아가는 동물만이 여기로부터 완전
히 자유로운 것이다."[21]

　쇼펜하우어는 육체적인 고통보다 정신적인 고통을 견뎌내기 힘들다
는 점을 강조한다. 앞서 말한 인간의 추상적인 능력은 과거의 특정한
상황에서의 고통도 마치 현재에 일어나고 있는 것처럼 느끼게 하고, 실
제로 일어나지 않은 미래의 사건도 마치 현재에 일어나고 있는 것처럼
표상하게 한다. 이러한 추상적인 능력은 나아가서 특정한 신체의 부위
에 가해지는 고통보다 마음의 한가운데서 일어나는 고통을 더욱 크게
확대시킨다. 쇼펜하우어는 이 점을 다음과 같이 설명한다. "육체적인
고통보다 훨씬 심각한 정신적인 고통은 육체적인 고통을 느끼지 못하
게 만들기 때문에 절망에 빠진 사람이나 병적인 불쾌감에 시달리는 사
람은 비록 그가 쾌적한 상태에 있었을 때 자살을 생각하면 몸서리를 쳤
다 하더라도 자살하기가 매우 쉽다. 이와 마찬가지로 근심과 열정 같은

---

20 쇼펜하우어는 인간과 마찬가지로 동물에게도 오성능력이 있다고 생각한다. 그것은
동물도 다양한 현상의 인과관계를 파악한다는 점에서 알 수 있다고 생각한다.
21 W1, 410(496)쪽. 쇼펜하우어는 인간이 동물보다 더 고통스럽다는 것을 다음과 같
이 표현한다. "우리가 지닌 즐거움의 원인과 마찬가지로 우리가 지닌 고통의 원인은 보
통 실재하는 현재에 있는 것이 아니라, 단순히 추상적인 생각 속에 있을 뿐이다. 간혹
우리를 참을 수 없게 그리고 고통스럽게 만드는 것이 바로 추상적인 사상이다. 이에 비
하면 동물의 모든 고통이란 아주 사소한 것일 뿐이다." W1, 411(497)쪽 이하.

생각의 유희는 때때로 육체적인 고통보다도 더 신체를 소모시킨다."²²

쇼펜하우어는 우리의 삶이 신체적인 것이든지 또는 정신적인 것이든지 간에 전적으로 고통으로 가득 차 있다고 주장한다. 쇼펜하우어에 따르면 "모든 개인들의 삶을 전체적이고 일반적으로 개괄하여 그중에서 가장 의미심장한 특징만을 끄집어내서 보면, 본래 언제나 하나의 비극일 뿐이다."²³ 그러나 이러한 고통은 개체의 고유한 특성에서 야기되는 것이 아니라 모든 개체, 즉 의지의 객관화에 의해서 그리고 개체화의 원리에 놓여 있는 모든 존재에게서 살펴볼 수 있는 근원적인 현상이다. 쇼펜하우어는 고통의 바다 한가운데서 표류하는 염세주의에 주목한다. 염세주의는 이 세계가 가능한 세계 중에서 최선의 세계일 것이라고 보는 라이프니츠의 낙관주의를 비판하는 것이다. 쇼펜하우어는 우리의 삶을 다음과 같이 염세주의적으로 묘사한다. "대부분 사람들의 삶을 밖에서 보면 얼마나 무의미하고 보잘것없게 흘러가고, 안에서 갖는 느낌으로도 얼마나 숨 막히고 제정신이 아니게 흘러가는지는 정말 믿을 수 없을 정도이다. 이들의 삶은 빛바랜 동경이자 괴로움이고, 보잘것없는 일련의 생각을 품고 인생의 사계절을 지나서 죽음을 향해 꿈결처럼 비틀거리며 걸어가는 것이다."²⁴

모든 존재는 철저하게 고통 속에 내던져져 있기 때문에 우리의 삶은

22 W1, 412(498)쪽. 쇼펜하우어는 여기에서 인간이 진정으로 고통스러워하는 것은 특정한 사물이 아니라 그러한 사물에 대한 우리의 생각 때문이라고 말하는 고대철학자 에픽테토스의 주장에 주목한다.
23 W1, 442(534)쪽. 쇼펜하우어에 따르면 우리의 삶은 고통뿐만 아니라 지루함(Langeweile)으로 가득 차 있다. 삶의 순간에 우연하게 고통을 벗어난다고 해도 우리에게 주어지는 것은 행복이 아니라 지루함이다. 우리는 이러한 지루함을 견뎌내기 위해서 타인과의 만남을 시도하지만 이러한 만남이 자기 내부에 놓인 맹목적인 삶에의 의지를 제거해줄 수는 없다.
24 W1, 441(533)쪽.

결코 행복하거나 의미 있는 것으로 규정할 수 없다는 것이다. 우리의 삶은 철저하게 삶에의 의지에 의해서 이끌려가는 한에서 타인뿐만 아니라 자기에 대해서도 파괴적인 것이다. 우리는 삶과 세계에 대한 쇼펜하우어의 극단적인 염세주의를 다음과 같은 언급에서 확인할 수 있다. "삶 자체는 암초와 소용돌이로 가득 찬 바다이고 인간은 최대한 신중하고 조심스럽게 이를 피하려고 하지만, 모든 노력과 기술을 다해서 빠져나가는 데 성공한다고 하더라도, 그는 그렇게 함으로써 점점 더, 결코 피할 수 없고 회복 불가능한 난파에 보다 가까이 다가가는 것이며, 바로 난파를 향해, 즉 죽음을 향해 나아가는 것임을 안다. 이러한 죽음이 바로 힘겨운 항해의 최종목표이며, 인간에게는 그가 지금까지 피해온 어떤 암초보다도 더 나쁜 것이다."[25]

쇼펜하우어는 우리에게 주어지는 모든 삶이 비록 그 형식은 다르지만 그것의 본질적인 내용은 고통이라고 지적한다. 삶은 겉보기에 아름답고 우리에게 행복을 가져다주는 것처럼 보이지만 그 안은 견뎌낼 수 없는 고통들로 가득 차 있을 뿐이다. 이러한 삶의 상황에 내던져져 있는 우리에게 낙관주의라는 말은 모순적인 표현이며, "인류의 말할 수 없는 고통에 대한 쓰라린 조롱"[26]일 뿐이다. 쇼펜하우어의 극단적인 염세주의는 우리에게 삶의 의미가 전혀 없는 것처럼 보이게 하고 우리로 하여금 마치 삶을 포기하는 것이 더 나을 것처럼 말하는 듯하다. 그러나 쇼펜하우어의 염세주의는 이렇게 소극적인 의미를 지니지 않는다. 왜냐하면 쇼펜하우어는 염세주의를 통해서 인간의 삶에 대한 근원적인 해석 그리고 세계의 본질에 대한 논의를 전개하려고 하기 때문이다.

---

25 W1, 429(519)쪽.
26 W1, 447(540)쪽.

3. 삶의 형이상학과 이기주의

쇼펜하우어가 『의지와 표상으로서의 세계』 4권에서 주장하려는 것은 삶의 본질에 대한 형이상학적 고찰이다. 이것은 동시에 세계의 근원에 대한 형이상학적 고찰을 의미한다. 왜냐하면 그에게는 인간의 삶뿐만 아니라 세계도 단 하나의 원리, 즉 맹목적인 삶에의 의지가 지배하는 곳이기 때문이다. 여기에서 우리는 우리의 삶과 세계를 이끌어가는 원리를 발견했다고 만족할 수는 없을 것이다. 왜냐하면 의지는 우리 모두의 삶을 고통스럽게 하고 파국으로 몰아가기 때문이다. 맹목적인 의지는 존재하는 모든 것들의 삶을 지배하고, 이러한 지배 속에서 개체들의 삶은 전적으로 고통스러운 것이 될 수밖에 없다. 의지는 우리 자신을 위해서가 아니라 자기 자신을 위해서 존재하는 것이기 때문이다. 또한 역설적이게도 의지는 자신이 궁극적으로 원하는 것을 알지 못하며 쉬지 않고 새로운 욕구만을 만들어낼 뿐이다.

쇼펜하우어의 형이상학은 우리로 하여금 고통스러운 삶에서 벗어나는 길을, 즉 맹목적인 의지의 지배로부터 벗어나는 길을 모색하게 한다. 그러나 쇼펜하우어는 이러한 길이 결코 종교나 외부의 어떤 요소에 의해서 발견될 수 없다는 점을 강조한다. "[…] 어떤 외부의 힘도 그 의지현상인 삶에서 생기는 고통으로부터 의지를 해방할 수 없다. 항상 그렇듯이 중요한 문제에서 인간은 언제나 자기 자신에게 의존할 수밖에 없기 때문이다. 인간은 자신의 의지력(Willenskraft)만이 할 수 있는 것을 구걸하고 아부하여 얻기 위해 어리석게도 신들을 만들어낸다."[27]

---

27 W1, 446(539)쪽 이하. 쇼펜하우어는 고통스러운 삶에서 벗어나는 것이 신의 구원을 통해서 가능하다고 생각하는 종교에 대해서 비판적이다. 그에 따르면 인간의 진정한 구원은 개체로서의 자신의 존재를 성찰하고 이것을 지배하는 맹목적인 삶에의 의지의 부정을 통해서 가능한데, 이것은 전적으로 자기 스스로가 행해야 할 삶의 과제다. 이

인간 스스로가 고통스러운 삶에서 벗어나야 한다고 주장하는 쇼펜하우어는 삶에 대한 형이상학적 해석을 제시한다. 그것은 우리의 모든 삶이 전적으로 의지현상이며, 항상 자신의 욕구를 충족시키려고 하는 의지의 드러남이라는 것이다. 삶은 의지가 자신을 무조건적으로 드러내는 과정일 뿐이다. 쇼펜하우어는 의지에 지배받는 우리의 삶을 다음과 같이 설명한다. "보통 사람들은 힘든 삶에 쫓기는 나머지 제대로 사리분별을 하지 못한다. 이와는 달리 때때로 의지가 불타올라, 격한 감정이나 강렬한 열정을 나타내는 신체의 긍정을 훨씬 넘어서는 정도에 이르기도 한다. 이러한 감정 속에서 개인은 자신의 현존을 긍정할 뿐만 아니라, 심지어 남의 현존을 부정하며, 그것이 자신에게 방해되는 경우에는 제거하려고 한다."[28]

삶에의 의지는 우리로 하여금 전적으로 자기 자신의 존재를 긍정하도록 한다. 자연 속에 있는 모든 존재는 궁극적으로 자신의 존재를 위해서 삶에의 의지가 지시하는 대로 행동한다. 쇼펜하우어에 따르면 "사람들은 누구나 자신을 위해 모든 것을 소유하려고 하고, 지배하려고 하며, 자기에게 저항하는 것을 제거하려고 한다."[29] 삶에의 의지는 철저하게 자기중심적이기 때문이다. 자연 곳곳에서 적나라하게 전개되는 투쟁은 바로 삶에의 의지가 지닌 자기중심적 특성을 잘 드러낸다. 쇼펜하우어는 삶에의 의지로 각인된 삶의 행태를 이기주의라고 부른다.

우리는 앞에서 세계 속에서 다양한 사물들의 존재가 의지의 객관화라는 사실을 살펴보았다. 의지의 객관화는 다양한 개체들의 존재방식에

점은 종교에 대한 비판적인 해석과 연결된다. 쇼펜하우어는 포이어바흐나 니체처럼 종교에 의해서 인간의 삶의 의미와 가치가 왜곡될 수 있다는 점을 지적한다.

28 W1, 449(543)쪽.
29 W1, 454(549)쪽.

도 불구하고 하나의 원리, 즉 의지가 자기 자신을 세계에 드러내는 것이다. 그러나 이러한 이해는 의지의 객관화를 단지 소극적인 측면에서 고찰한 것에 불과하다. 즉 여기에서 의지의 객관화는 세계가 의지의 드러남이라는 사실을 제시하는 역할을 할 뿐이다. 그러나 의지의 객관화라는 개념을 적극적으로 고찰한다면 자연 속의 모든 존재가 맹목적인 삶에의 의지에 이끌려간다는 사실을 알 수 있다. 의지의 객관화를 소극적으로 고찰한다면 세계의 모든 존재가 의지라는 점을 인식하게 할 뿐이지만, 적극적으로 고찰한다면 세계의 모든 존재가 맹목적인 삶에의 의지에 의해 이기주의를 그 본질로 하고 있음을 알 수 있는 것이다.

또한 의지의 객관화를 특징짓는 형식인 개체화의 원리도 모든 존재가 지닌 이기주의적인 특성을 잘 드러낸다. 왜냐하면 개체화의 원리는 의지가 실제로 우리에게 드러나는 방식이 시간과 공간에 의존하여 다른 존재와 차별적으로 존재한다는 것을 말해주기 때문이다. 개체화의 원리에 의해서 나타난 존재들은 그 본성상 다른 존재와의 구별 또는 차별을 존재특성으로 삼는다. 간단하게 말하자면 자연 속에서 존재하는 모든 개체들은 그 본성상 다른 개체들과 대립하여 존재한다는 것이다.

쇼펜하우어는 모든 존재 속에 깃들어 있는 이기주의에 대해서 다음과 같이 말한다. "무한한 세계에서 아주 보잘것없고 아무것도 아닌 것 같은 모든 개체는 그럼에도 자신을 세계의 중심점으로 삼아 자신의 존재와 안녕을 우선적으로 고려하고, 자연적인 입장에서 다른 모든 것을 이러한 것에 희생할 용의가 있으며, 바다의 물 한 방울인 자기 자신을 단지 좀 더 오래 유지하기 위해서는 세계도 멸망시킬 용의가 있다. 이러한 성향이 바로 모든 사물에 내재된 본질적인 이기주의이다."[30] 이처

---

30 W1, 455(550)쪽.

럼 이기주의는 모든 존재의 삶을 자기만을 위한 것으로 만들어버린다. 그런데 여기에서 중요한 것은 이기주의가 단순히 개체의 자기보존의 특성만을 드러내는 것에 있는 것이 아니라 타인의 존재 그리고 나아가서 세계 속의 모든 존재를 파괴할 수 있다는 점에 있다.[31] 우리는 주변에서 쉽게 이러한 예를 살펴볼 수 있다. 1972년 우루과이대학의 럭비팀 선수 45명이 비행기를 타고 가다가 악천후로 3500미터 높이의 안데스 산맥에 추락한다. 이로 인해 많은 사람이 죽었지만 나머지 부상자들과 생존자들은 혹독한 추위와 굶주림을 견뎌내면서 힘겹게 삶을 위한 투쟁을 전개한다. 결국 비행기가 추락한 지 72일 만에 16명의 생존자가 극적으로 구조된다. 많은 사람들이 이들의 생존을 인간승리로 묘사하곤 하지만 중요한 것은 이들이 극한 상황에서 생존하기 위해서 얼어 죽은 동료들의 신체의 일부분을 먹으면서 생존했다는 점이다. 동료였지만 삶과 죽음의 갈림길에서, 그들의 맹목적인 삶에의 의지는 비록 죽었더라도 타인의 존재를 자신을 위해 파괴해야 한다는 이기주의적 정언명령을 부여했던 것이다. 이러한 사건은 쇼펜하우어의 말처럼 개체의 존재를 지배하는 삶에의 의지가 얼마나 맹목적인지를 잘 드러내는 예일 것이다. 이기주의는 삶에의 의지와 결합하여 자기보존을 위해서라면 어떤 존재이든 파괴할 수 있고, 어떤 식으로든 자기보존의 논리를 정당화하려고 하며, 개체 자신을 세계의 중심으로 규정하게 한다. 어떤 개체가 이기주의적일수록 자기 자신만을 긍정하게 되며, 이러한 이기주의 속에서 타인의 세계는 완전히 소멸해버릴 수 있는 것이다.

쇼펜하우어에 따르면 이기주의는 의지의 객관화의 정도에 비례한다.

---

31 쇼펜하우어는 이러한 이기주의의 본성을 홉스가 『정치론』에서 '만인에 대한 만인의 투쟁', '인간은 인간에 대해서 늑대'라는 표현으로 적절하게 언급한다고 지적한다. W1, 456(551)쪽 참고.

무기물이나 단순한 유기체들에게는 이기주의가 약하게 나타나는데, 그 이유는 이들은 다른 개체들보다도 그들의 개체성에 집착하지 않기 때문이다. 즉 단순한 개체들은 그들의 고유한 존재특성을 드러내는 개체성에만 사로잡혀 있지 않기 때문이다. 그러나 쇼펜하우어는 의지의 객관화의 과정에서 최상위에 속하는 인간의 경우에는 이러한 개체성에 강하게 집착한다고 설명한다. 예를 들면 우리는 맛없는 음식을 단지 맛이 없다는 이유로 섭취하지 않는 경우가 있다. 이처럼 인간은 음식물을 섭취할 때 식물이나 동물과는 달리 개인의 취향을 고려한다. 이러한 차별적인 개체성은 단순한 유기체들에게는 소극적인 이기주의를 드러내게 하는 반면, 인간과 같은 개체에서는 극단적인 형태의 이기주의를 드러내게 한다. 쇼펜하우어는 이 점에 대해 다음과 같이 설명한다. "가장 높은 단계에 올라간 의식, 즉 인간의 의식에서는 인식, 고통, 기쁨과 마찬가지로 이기주의도 가장 높은 정도에 도달한 것이 분명하며, 이러한 이기주의의 제약을 받는 개체들의 충돌은 아주 끔찍하게 나타날 것이 틀림없다."[32]

4. 의지의 부정과 무의 형이상학

맹목적인 삶에의 의지는 모든 존재를 이기주의에 사로잡히게 하고 이러한 이기주의는 모든 개체의 삶을 고통스럽게 한다. 쇼펜하우어의 철학이 추구하는 목표는 이러한 이기주의에서 벗어나는 것으로, 우리는 이를 도식적으로 제시할 수 있다. 그것은 고통을 야기하는 이기주의를 제거하고, 이러한 이기주의를 제거하기 위해서는 삶에의 의지를 부정

---

32 W1, 455(551)쪽.

하면 되는 것이다.

그런데 우리는 이러한 도식을 단순하게 받아들이기 어렵다. 우리가 궁극적으로 부정해야 하는 삶에의 의지는 개별적인 사물들이 서로 다양한 방식으로 관계를 맺는 것을 가능하게 하며 세계의 수많은 사물들을 생성하고 유지하며 소멸하게 하는 원리로, 만약 개체들에게 삶에의 의지가 없다면, 그것은 더 이상 개체로서 존재할 수 없을 것이기 때문이다. 우리는 이런 이유에서 삶에의 의지를 부정하지 못할 것이다. 그러나 우리가 잊지 말아야 할 것은 삶에의 의지가 동시에 우리의 삶을 고통스럽게 만드는 유일한 원인이라는 점이다. 쇼펜하우어가 염세주의적인 세계해석을 제시하는 이유는 단순히 우리의 삶이 맹목적인 삶에의 의지 때문에 고통스럽다는 사실을 설명하는 것에 있지 않다. 그것은 염세주의가 우리의 삶을 지배하는 것의 불가피성을 제시하려는 것이 아니라 염세주의의 근본적인 원인을 분석하여 의미 있는 삶의 길을 제시하기 위한 것이다. 염세주의에 근거한 쇼펜하우어의 이러한 삶의 해석을 '염세주의 분석론'(Analytik des Pessimismus)이라고 부른다.

쇼펜하우어는 삶에의 의지에 대한 긍정이 고통스러운 삶을 야기하고 삶에의 의지에 대한 부정이 고통으로부터의 해방을 제공한다고 주장한다. 우리가 삶에의 의지를 부정하면 할수록 우리는 삶의 고통에서 벗어날 수 있다는 것이다. 왜냐하면 "세계 속에 있는 모든 유한성, 모든 고뇌 및 고통은 의지가 욕망하는 것의 표현에 속하고, 의지가 그렇게 욕망하기 때문에 그렇게 존재하는 것"[33]이기 때문이다. 쇼펜하우어는 마치 종교에서처럼 모든 삶의 번뇌와 고통 그리고 혼란스러움에서 벗어나는 길을 우리에게 제시한다.

---

33 W1, 480(580)쪽.

우리는 의지를 부정하는 방식을 찾아나서기 전에 삶에의 의지가 다양한 단계를 거쳐 드러난다는 점에 주목해야 할 것이다. 쇼펜하우어는 개체 속에서 드러난 삶에의 의지가 다양한 차원에서 관찰된다고 생각한다. 삶에의 의지가 드러나는 단계는 쇼펜하우어가 경험적 성격이라고 불렀던, 즉 개체의 고유한 존재특성인 개성을 드러내는 과정에서 이루어진다. 그러나 이러한 단계는 삶에의 의지가 지닌 본질을 이차적으로 드러낼 뿐이다. 이러한 개성은 개별적인 개체의 독특한 성향과 기호를 드러내며 나아가서 다수의 개체로 구성된 종족이나 민족 또는 특정한 사회, 특정한 시대의 삶의 방식이나 관습으로 나타나기도 한다. 이에 반해서 삶에의 의지가 근원적으로 드러나는 단계는 구체적 생존일반(Dasein überhaupt)이다. 이 단계에서는 개체의 기호나 취향이 아니라 오로지 개체의 실존, 즉 다른 개체와의 투쟁에서 살아남기 위한 것만이 고려될 뿐이다. 이 단계에서 삶에의 의지가 우리에게 가르쳐주는 것은 오로지 우리 자신만을 위해서 존재해야 한다는 정언명령일 뿐이다.

그런데 우리는 어떻게 삶에의 의지를 부정할 수 있을까? 우리는 삶을 고통스럽게 하는 맹목적인 삶에의 의지를 한 번에 부정해버릴 수 있을까? 쇼펜하우어에 따르면 이것은 불가능하다. 개체 속에서의 삶에의 의지가 정도의 차이를 가지면서 다양하게 드러나듯이 삶에의 의지를 부정하는 것도 단계적으로 수행되어야 한다. 쇼펜하우어는 삶에의 의지를 부정하는 길을 먼저 신체를 부정하는 것에서 찾는다. 삶에의 의지를 우선적으로 긍정하는 행위는 신체를 긍정하는 것이기 때문에, 삶에의 의지를 우선적으로 부정하기 위해서는 바로 신체를 부정해야 하는 것이다. 쇼펜하우어는 신체를 부정하는 것의 대표적인 예로서 성욕을 단념하는 것을 제시한다. 그에 따르면 성욕은 우리의 신체가 지닌 중요한 욕구이자 삶에의 의지가 드러나는 대표적인 수단이기도 하다.[34] 우리가 이러한 성욕의 충족을 포기하면 우리는 삶에의 의지를 부정하는 길에 들어서게 된다는 것이다. 쇼펜하우어는 이 점에 대해서 다음과 같이 언급한다. "따라서 성욕의 충족을 어떤 특별한 동기 때문이 아니라 자발적으로 단념하는 것은 이미 어느 정도 삶에의 의지를 부정하는 것이고, 진정제로 작용하는 인식이 생긴 것이며, 의지의 자발적인 '자기지양'(Selbstaufhebung)이라고 할 수 있다. 그렇기 때문에 자신의 신체를 그렇게 부정하는 것은 이미 자신의 고유한 현상에 대한 의지의 모순으로 나타나는 것이다."[35]

나아가서 쇼펜하우어는 우리가 일상생활에서 신체의 욕구를 충족시키려는 생각을 버려야 한다고 생각한다. 우리의 신체의 욕구는 그 무엇보다도 개체화의 원리에 사로잡혀 있으며 세계의 본질에 대한 우리의 통찰을 방해하는 역할을 하기 때문이다. 이처럼 신체의 욕구만을 충족시키려는 사람을 쇼펜하우어는 "울부짖으며 미친 듯이 파고가 몰아치는 큰 바다에서 작은 배를 젓는 사공이 그 약한 배를 믿는 것처럼, 개개인은 고통으로 가득 찬 세계의 한복판에서 개별화의 원리, 또는 개체가 사물들을 현상으로 인식하는 방식을 의지하고 믿으면서 태연하게 앉아 있다."[36]고 비판한다.

신체의 욕구를 부정하는 것은 비록 삶에의 의지를 부정하는 하나의 방식이긴 하지만 근원적인 방식은 아니다. 왜냐하면 신체의 특정한 욕구를 우리가 단념한다고 해도 그러한 욕구가 또다시 반복되거나 또 다른 신체의 욕구가 생겨나기 때문이다. 예를 들면 우리가 배고픔의 욕구

---

34 이러한 쇼펜하우어의 주장은 프로이트의 리비도 개념과 연결시켜 논의할 수 있다.
35 W1, 457(553)쪽.
36 W1, 482(582)쪽.

를 충족시킨다고 해도 그러한 충족은 영원한 것이 아니라 또다시 반복
되며, 배고픔의 충족 뒤에는 갈증과 같은 또 다른 신체의 욕구가 생겨
나기 때문이다. 비록 우리는 하나의 신체의 욕구를 단념함으로써, 삶에
의 의지가 야기하는 일시적인 욕구를 극복하겠지만, 이러한 욕구는 또
다른 형태로 우리에게 다가올 뿐이다.

쇼펜하우어에 따르면 삶에의 의지를 부정하는 좀 더 근원적인 단계
는 개체화의 원리가 가져다주는 환상을 제거하는 단계이다. 개체화의
원리는 의지가 자신을 드러내기 위해서 개체들에게 다양한 방식으로
나타난다는 것을 의미한다. 개체화의 원리에 의해서 존재하는 개체의
삶은 결코 본질적인 것이 아니라 맹목적인 삶에의 의지가 드러나는 현
상일 뿐이다. 우리가 이러한 개체화의 원리가 지닌 본성을 깨닫게 된다
면, 즉 의지에 의해서 이끌려가는 현상의 세계는 삶 자체가 고통이라는
사실을 은폐시킬 뿐이라는 점을 자각하게 된다면 맹목적인 삶에의 의
지로부터 벗어날 수 있는 형이상학적 출구를 찾을 수 있게 된다. 또한
이 단계에서는 자기보존의 원리에 집착하여 타인을 희생시키는 행위나
자신의 욕망에 종속되는 삶 자체가 공허한 것이라는 점을 깨닫게 된다.
이것은 단순히 신체의 욕구를 단념하는 것과는 다른 차원의 상태로 우
리를 이끌어간다. 쇼펜하우어는 이 점에 대해 다음과 같이 말한다. "개
체화의 원리를 통찰하는 인식으로 볼 때, 행복한 삶이라는 것은 시간
속에서, 무수한 다른 개인들이 고통을 겪는 가운데서 우연하게 선물 받
은 것이거나, 영리함으로 얻은 것이지만, 이것은 마치 거지가 왕이 되
는 꿈을 꾼 것에 불과하고, 그가 꿈에서 깨어나면 이 모든 것이 순간적
인 착각으로 삶의 고뇌에서 벗어나 있었던 것임을 깨닫게 될 것이다."[37]

---

37 W1, 483(583)쪽.

개체화의 원리에 대한 형이상학적 통찰은 우리로 하여금 현상세계에 대한 덧없음을 직관하게 하고, 세계의 모든 존재가 의지에 지배당하는 억압된 존재이며, 모든 존재는 개체화의 원리에 얽매여 있는 한 불행한 존재들이라는 생각을 갖게 한다. 이러한 마음의 상태는 우리로 하여금 우리의 삶을 철두철미하게 관통하는 타인에 대한 배타적인 태도와 자기 자신에 대한 호의적인 태도를 버리게 한다. 쇼펜하우어는 이러한 마음의 상태를 우파니샤드철학의 한 구절인 '이것은 너이다'(tat twam asi)라는 말로 표현한다.[38] 시간과 공간 그리고 인과율에 사로잡혀 있는 상태를 벗어나게 되면 우리는 모든 존재가 사실은 하나라는 점에서, 즉 모든 존재가 의지의 지배를 받기 때문에 고통스럽다는 점에서 연민을 갖게 된다.

쇼펜하우어에 따르면 개체화의 원리를 벗어난 단계는 고대인도의 윤회사상에서도 드러난다. 윤회사상의 기본적인 내용은 현세에서 모든 행동이 내세에까지 영향을 끼친다는 것이다. 그러나 윤회사상이 말하고자 하는 근본적인 내용은 현세에서의 한 개인의 행동이 자기 자신의 내세에 영향을 끼친다는 사실에만 있는 것이 아니라, 나의 행동이 타인에게 영향을 주며 내가 행복을 얻기 위한 행동이 타인에게는 고통을 줄 수 있다는 점이다. 이것은 세계에 존재하는 모든 것들이 서로 연결된다는 사실을 말해준다.[39] 쇼펜하우어는 이 점에 대해 다음과 같이 말한다. "시간과 공간에 의해 그가 다른 개인들이나 그로 인해서 그들이 겪는 무수한 고통과 분리되고 그들이 그와 무관하게 보이더라도, 그 자체로 표상이나 그 형식에서 벗어나서 바라본다면, 그들 모두에게 나타나는

---

38   W1, 485(586)쪽 참고.
39   W1, 486(587)쪽 참고.

것은 삶에 대한 하나의 의지이고, 이런 경우에 그 의지는 자기 자신을 오해해서 자기 자신에게 무기를 들이대는 셈이다. 그리고 그 의지는 그러한 현상들 중 하나에서 큰 평안을 추구하게 되는데, 이를 통해서 다른 현상에 아주 큰 고통을 가져오게 된다."[40]

윤회사상은 우리의 행위가 지닌 윤리적 특성을 언급하기보다는 모든 존재가 갖고 있는 형이상학적 동근원성을 우리에게 제시한다. 윤회사상은 단지 모든 개체들 사이의 윤리적인 인과관계를 설명해주기 위한 것이 아니다. 즉 지금의 행동이 다음 세계에서의 나의 존재상황을 결정짓는 역할을 할 것이라는 단순한 결정론을 옹호하기 위한 것이 아니라, 모든 존재의 현재적인 삶이 불완전한 것이므로 윤회에서 벗어나는 길을 모색해야 한다는 형이상학적 의미를 내포하는 것이다.

우리는 이처럼 개체화의 원리의 본질을 간파한 후에 더 이상 사물들 사이의 차이에 관심을 두지 않게 된다. 개체들의 차이에 대한 무관심은 앞서 언급한 이념의 조망과는 다른 것이다. 이념의 조망은 표상세계에서 충분근거율에 의존하여 개체의 다양성에 사로잡혀 있는 상태에서 우리를 잠시 벗어나게 해주는 역할을 할 뿐이다. 물론 이러한 상태에서 우리는 주관과 객관의 구분을 잠시 잊고 나아가서 의지에 지배받지 않는 개체들의 보편적인 존재의미를 생각해볼 수 있으나, 이념의 조망은 의지 자체의 지배에서 벗어나게 할 수 없다. 그래서 우리는 또다시 개체로서의 삶을 이어가고 다른 개체들과의 대립과 갈등에 놓이게 되는 것이다. 그러나 쇼펜하우어가 이제 개체화의 원리에서 벗어난다고 하는 것은 맹목적인 삶에의 의지 자체를 거부하는 것을 의미한다. 그것은 단순하고 일시적인 거부가 아니라 고통스러운 삶으로부터 벗어나기 위

---

40 W1, 498(601)쪽 이하.

한 처절한 실존적 결단이며 초월작용인 것이다. 자신을 세계 속에서 개체로서 존재하게 하는 삶에의 의지를 거부하는 것은 어쩌면 한 개체에게는 세계의 종말을 의미할 수 있을 것이다. 그러나 우리는 이러한 파국적인 상황을 감내하면서도 개체화의 원리를 적극적으로 거부하는 단계에 이르면 이 세계에서 더 이상 갈등과 대립을 경험하는 것이 아니라 고요한 존재감과 통일성을 느낄 수 있다는 것이 쇼펜하우어의 주장이다. 이것은 "의지의 완전한 자기지양(Selbstaufhebung)과 부정, 진정한 무의지"[41]를 의미한다.

쇼펜하우어는 개체화의 원리를 포기하면서 의지를 부정하는 것은 개체의 삶에게 주어진 숭고한 과제라는 점을 지적한다. 그것은 추상적이고 이론적인 작업이 아니라 "실제적인 체념이고 삶에의 의지의 부정, 금욕"[42]인 것이다. 쇼펜하우어에 따르면 이러한 상태에 도달한 사람은 "현상의 형식인 개체화의 원리에 더 이상 사로잡히지 않고, 타인의 고통을 자기 자신의 고통처럼 아주 가깝게 느낀다. 그렇기 때문에 그는 자신의 고통과 타인의 고통 사이에 균형을 잡으려고 하며, 타인의 고통을 줄이기 위해 자신의 쾌락을 단념하고 궁핍을 감수하는 것이다. […] 그는 직접적으로 추론을 거치지 않고도, 그 자신의 현상의 즉자태가 타인의 현상의 즉자태이기도 하다는 것, 말하자면 그것은 모든 사물의 본질을 이루고 만물 속에 살고 있는 삶에의 의지라는 것, 따라서 이것은 심지어 동물이나 자연 전체에 영향을 준다는 것을 안다."[43]

---

41 W1, 494(597)쪽.

42 W1, 505(610)쪽.

43 W1, 507(612)쪽. 여기에서 쇼펜하우어는 개체화의 원리를 넘어서는 것은 인간과의 관계에서뿐만 아니라 동물들 그리고 그 밖의 모든 존재와의 관계에도 적용되어야 한다고 생각한다. 이런 점에서 볼 때 근대 초에 전개된 극단적인 인간중심주의는 쇼펜하우어의 철학에서는 찾아볼 수 없다. 좀 더 극단적으로 표현하자면, 쇼펜하우어의 철학

우리가 이러한 상태에 도달하게 되면 이전의 우리의 삶을 각인했던
이기주의적인 삶의 방식은 사라지게 된다. 물론 우리가 이러한 상태에
도달했다고 해서 세계에 존재하는 고통이 완전히 사라져버리는 것은
아니다. 그러나 우리는 이러한 상태에 도달하면서 최소한 고통스러운
세계에서 어떻게 행동해야 할지를 깨닫게 될 것이다. 이러한 깨달음은
아무리 삶에의 의지가 맹목적으로 우리를 곤궁에 빠트리게 한다고 하
더라도 우리를 흔들리지 않게 할 것이다. 쇼펜하우어는 우리가 이러한
상태에서 다른 존재에 대해서 갖는 우리의 윤리적-형이상학적 마음상
태를 동정심(Mitleid)이라고 부른다. 동정심이라는 독일어의 문자적인
의미는 '함께 고통을 겪는다'라는 의미를 지닌다. 여기에서 알 수 있는
것은 동정심이 단지 타인에 대한 우리의 도덕적인 호기심이 아니라 자
신의 존재를 체념하고 타인의 존재를 구원하려는 헌신이라는 점이다.
자신의 삶의 본질에 대한 처절한 탐구는 우리로 하여금 개체화의 원리
를 버리게 하고 타인에 대한 진정한 사랑을 드러내게 하는 것이다. 쇼
펜하우어는 여기에서 '모든 사랑은 동정심이다'[44]라는 점을 강조한다.

　우리는 여기에서 삶에의 의지를 부정하면서 자기 자신의 삶을 포기
하는 사람이 과연 있을까라고 물을 수 있을 것이다. 오늘날 우리 시대
를 둘러보면 우리는 이렇게 물음을 제기할 수밖에 없을 것이다. 사람들
은 대부분 자신의 존재를 타인보다 우선시하며 심지어는 자신을 위해
서 타인을 해치려고 하기 때문이다. 그러나 이러한 의문에 대해서 쇼펜
하우어는 다음과 같이 말한다. "또한 모든 인류에게 평안을 가져다주고
당연히 그것에 속하는 것을 주장하기 위해서, 즉 보편적이고 중요한 진

이 추구하는 것은 그러한 인간중심주의의 극복이라고 할 수 있다.
44 W1, 510(616)쪽.

리를 위해서, 심각한 오류를 근절하기 위해서 순순히 고통과 죽음을 받아들이는 사람들도 모두 이러한 단계에 있는 사람들이다. 소크라테스, 조르다노 브루노는 이렇게 죽었고, 이처럼 진리를 주장한 영웅 중에 화형에 처해지거나 사제들의 손에 죽음을 맞이한 사람이 적지 않다."[45]

우리는 삶에의 의지를 부정하면 할수록 타인의 존재와 동질성을 확인하게 되고, 존재한 모든 사물들이 동일한 운명에 놓인다는 사실을 확인하게 되며, 증오와 악의로 가득 찬 일상의 삶은 타인에 대한 관심과 배려로 변하게 될 것이다. 이처럼 숭고한 동정심은 개별적인 사물이나 사람에게만 머무르지 않고 세계에 존재하는 모든 것에 대한 동정심으로 승화될 것이다. 이러한 동정심은 우리를 멈추지 않게 하면서 시시때때로 다가오는 의지의 유혹을 차단해버릴 것이다. 그러나 우리는 여기에서 동정심이 우리를 계속해서 이러한 상태로 이끌어갈 수 있을까라고 반문할 수 있다. 쇼펜하우어는 이 점에 대해 다음과 같이 말한다. "이렇게 개체화의 원리를 간파하고, 의지가 모든 현상에서 동일하다는 것을 아주 명확하고 직접적으로 인식하게 되면 그러한 인식은 즉시 의지에 지속적인 영향을 미칠 것이다. 즉 어떤 사람의 눈앞에 마야의 너울, 즉 개체화의 원리가 확실하게 드러나서 그가 자신과 타인을 더 이상 이기적으로 구별하지 않고, 자신의 고통처럼 타인의 고통에 커다란 관심을 가지며, 이를 통해서 항상 타인을 도울 수 있는 마음가짐을 가질 뿐만 아니라 자신을 기꺼이 희생하여 타인을 구할 용의가 있다면, 그 결과로 자연히 모든 존재 중에서 자기를, 자신의 가장 내적이고 진실한 자신을 인식하는 그런 삶은 모든 생물의 무한한 고통도 자신의 고통으로 간주하고, 전 세계의 고통도 분명 자신의 것으로 받아들일 것이

---

45 W1, 510(616)쪽.

다. 이런 사람에게는 이제 그 어떤 고통도 자신과 무관하지 않게 된다. […] 그는 전체를 인식하고 전체의 본질을 파악하며, 그것이 끊임없이 소멸하고 헛된 노력을 계속하며 내적인 투쟁과 지속적인 고통에 사로잡혀 있다는 것을 알고, 어디를 보더라도 고통받는 인류와 동물, 사라져가는 세계를 바라볼 것이다."[46]

개체화의 원리가 지닌 본성을 통찰하면서 생겨난 동정심이 우리에게 가져다주는 것은 삶 전체에 대한 형이상학적 직관이다. 우리가 개체화의 원리에 집착해서 사물들과 나와의 관계 속에서 자기 자신의 이익을 위한 삶을 추구했지만, 이제는 우리는 모든 사물들 사이에 놓인 갈등적인 구조를 보게 되면서 더 이상 개체로서의 존재에는 관심을 갖지 않게 된다. 이러한 전체의 조망은 삶의 본질, 즉 삶은 고통이라는 점을 직시하게 하고 그러한 삶을 이끌어가는 의지에게 등을 돌리게 된다. 이러한 전체의 인식은 우리로 하여금 우리의 존재가 무엇인지, 세계가 궁극적으로 무엇인지, 우리가 어떻게 살아가야 하는지에 대한 확고한 통찰을 제시해준다. 이러한 통찰 속에서 "의지는 이제 삶을 부정하게 된다. 의지는 자신의 긍정이라고 인식되는 삶의 쾌락을 거부한다. 여기에서 인간은 자발적인 단념, 체념, 참된 평정(wahre Gelassenheit)과 완전한 무의지(Willenslosigkeit)의 상태에 도달하게 된다."[47]

여기에서 우리가 주목해야 할 것은 이러한 전체의 통찰이 단지 감정적이거나 일시적인 삶의 방식이 아니라는 점이다. 그것은 삶의 본질에 대한 치열한 번뇌와 성찰을 통해서 비로소 주어지기 때문이다. 전체에 대한 통찰은 우리를 끊임없이 속이고 혼란하게 하는 개체화의 원리를

---

46 W1, 514(621)쪽 이하.
47 W1, 515(622)쪽.

철저하게 제거할 때에 비로소 다가오는 것이다. 나와 모든 존재를 절대
적 동근원성 속에서 관조하는 삶의 태도는 결코 즉흥적으로 주어지는
것이 아니다. 쇼펜하우어는 여기에서 다음과 같이 주장한다. "여전히 마
야의 너울에 둘러싸여 있는 우리 같은 사람들도 가끔은 자신의 고통을
힘들게 느끼거나 자신의 고통을 생생하게 인식하고, 삶의 덧없음과 쓰
라림을 가슴 깊이 느끼기도 한다. 그러면 우리는 영원히 결정된 완전한
체념을 통해서 욕망의 가시를 꺾고, 모든 고통의 통로를 차단하며, 우리
자신을 정화하고 성스럽게 하고 싶어 한다. 그러나 우리는 다시 현상의
기만에 현혹되고, 의지는 현상의 동기에 의해 새로이 움직이게 되어 벗
어날 수 없게 된다. 희망의 유혹, 현재의 아첨, 향락의 달콤함, 즉 우리
가 우연과 오류의 지배를 받으며 고통을 겪는 세계의 탄식(Jammer) 한
가운데서 주어지는 평안(Wohlsein)은 우리를 다시 그 세계로 끌고가서
또다시 우리를 굳게 결박해버린다."[48]

쇼펜하우어에 따르면 전체에 대한 통찰은 삶의 진정한 본질에 대한
성찰로 이어진다. 이 단계에서 우리는 타인에 대한 사랑이나 동정심에
만 머무르는 것이 아니라, 궁극적인 삶의 방식에 대한 통찰을 이끌어낼
수 있다. 쇼펜하우어는 이러한 삶의 방식을 금욕(Askese)이라고 부른
다. 그러나 여기에서 금욕을 소극적인 의미로 해석하여 단지 육체적인
욕구를 회피하는 것으로 이해해서는 안 된다. 예를 들면 금욕은 단순히
음식물 섭취의 양을 줄이거나 물질에 대한 욕구를 제한하는 것을 의미
하지 않는다. 그렇다고 해서 금욕이 자신의 신체를 고통스럽게 만드는
행위를 의미하지도, 엄격한 윤리규범을 준수하며 살아가는 것을 의미
하지도 않는다. 또한 금욕은 단지 자신보다 타인을 배려하는 행위를 의

---

48 W1, 515(622)쪽 이하.

미하지도 않는다. 쇼펜하우어에 따르면 세상과 단절하여 고립된 장소에서 엄격한 생활규범을 지키며 살아가는 고행자들의 삶 역시 금욕적이라고 부를 수 없다. 오히려 이러한 삶은 다른 방식의 삶을 살아가기 위한 것이며 결국 삶에의 의지를 충실하게 따르는 것이다.

쇼펜하우어가 말하는 금욕은 형이상학적 금욕이다. 진정한 금욕은 마야의 너울을 제거하여 끊임없이 우리를 고통스럽게 하는 현상과의 단절이며 동시에 삶에의 의지에 대한 부정인 것이다. 쇼펜하우어는 금욕의 상태에 있는 사람에 대해서 다음과 같이 말한다. "그는 타인을 자신처럼 사랑하고, 자신을 위하는 것만큼 타인을 위하는 것으로는 만족하지 않으며, 그의 마음속에는 자기 자신이라는 현상으로 나타나는 본질, 즉 삶에의 의지로 인해 고통에 가득 찬 것으로 인식된 세계의 핵심과 본질에 대한 혐오가 생겨난다. 그렇기 때문에 그는 바로 자신의 마음속에서 나타나고 이미 자신의 신체를 통해 표현된 이러한 본질을 부인하고, 자신의 행위는 이제 그 현상이 거짓임을 비판하며 그 현상과 분명하게 모순을 드러낸다. 본질적으로 의지현상으로서 그는 무엇인가를 의욕하는 것을 중단하고, 자신의 의지가 무엇인가에 집착하지 않도록 조심하며, 모든 사물에 대해서 절대적으로 관심을 두지 않으려고 노력한다."[49]

우리는 이러한 금욕을 통해서 우리가 여태까지 가졌던 세계의 존재와 우리의 삶에 대한 이해를 완전히 버리게 된다. 우리를 끊임없이 괴롭혔던 자기 자신과 타인의 삶 사이에 놓여 있는 대립과 갈등은 사라지고, 우리는 더 이상 의지의 욕구에 뒤따르는 삶을 추구하지 않게 된다. 우리가 진정으로 이러한 금욕의 상태에 놓이게 된다면, 우리에게는 마

---

49 W1, 516(623)쪽 이하.

야의 너울에 의해서 끊임없이 생성하고 소멸해가는 존재들의 혼란스러움이 사라지게 되고 고요한 상태가 다가올 것이다. 그러한 고요함 속에서 모든 사물들은 이제 서로 억압하는 관계를 갖지 않으며 그들 자신들로 삶에의 의지를 갖지 않게 된다. 우리는 이러한 고요함의 내면에서 모든 관계에 얽매이지 않는 진정한 존재의 방식을 경험하게 될 것이다. 이처럼 "자신의 내면에서부터 삶에의 의지를 부정하는 사람은 그의 존재가 외부에서 볼 때는 아무리 불쌍하고 즐거움이 없으며 결핍으로 가득 차 있다 하더라도, 내적인 즐거움과 천국과 같은 참된 마음의 평정으로 충만할 것이다."[50]

쇼펜하우어에 따르면 금욕을 통해서 우리가 얻는 것은 무의 상태이다. 무의 상태는 사물의 결여 또는 비존재를 의미하는 것이 아니다. 무의 경험은 주관과 객관의 구분, 선의와 악의의 구분, 표상과 의지의 구분, 자아와 타자의 구분을 넘어서서 모든 개체들의 차별성을 넘어설 때 다가오는 것이다. 쇼펜하우어에 따르면 무의 상태는 우리가 삶의 진정한 의미를 탐구하는 과정에서 도달해야 할 마지막 목적지이다. 이러한 무의 상태에서는 나의 존재, 타인의 존재뿐만 아니라 모든 관계가 사라져버린다. "자기 자신의 본능과 수많은 투쟁을 한 후에 결국 완전히 본능을 극복하는 사람은 전적으로 인식하는 존재로서만, 세계를 맑게 비추는 거울로서만 남아 있다. 아무것도 더 이상 그 사람을 불안하게 하거나 동요하게 만들 수 없다. 우리를 이 세상에 묶어두고 끊임없는 고통에 시달리게 하면서 욕구, 두려움, 질투, 분노로써 여기저기로 휩쓸리게 하는 의욕의 모든 수천가지 실타래를 그가 끊어버렸기 때문이다."[51] 쇼펜

50 W1, 529(638)쪽.
51 W1, 530(639)쪽.

하우어가 추구하는 철학의 본질은 이러한 절대적인 무의 경험이라고
할 수 있다.

쇼펜하우어의 철학은 인간의 본성에 대한 적극적인 신뢰와 역사의 발전을 옹호했던 근대철학의 흐름 속에서 왜곡되어 버린 인간의 가치와 세계의 의미를 드러내려고 했다. 쇼펜하우어는 특히 독일관념론의 사변적인 태도와 허구적인 현실인식 속에서 간과되는 현사실적인 삶에 대한 적극적인 관심으로 인간과 세계에 대한 새로운 철학을 전개했다. 이성에 대한 맹목적인 신뢰 속에서 인간의 삶과 세계를 무조건 낙관적으로 해석하려고 했던 당시의 철학은 쇼펜하우어로서는 결코 받아들일 수 없는 것이었다. 쇼펜하우어는 인간의 삶이라는 것은 맹목적인 삶에의 의지에 의해서 이끌려가는 것이며 결국 우리의 삶은 고통스러운 것이라고 주장한다. 여기에서 쇼펜하우어는 모든 존재가 궁극적인 목표에 도달해야 한다고 생각하는 목적론이나 이 세계가 가능한 세계 중에서 최선의 세계라고 생각하는 낙관주의는 허무맹랑한 주장이라고 비판한다.

쇼펜하우어는 우리가 일상에서 경험하는 세계가 표상세계일 뿐이라고 말한다. 표상세계는 비록 다양한 학문의 정초를 가능하게 하지만, 세계 또는 사물의 피상적인 모습만을 우리에게 드러내줄 뿐이다. 쇼펜하우어는 표상세계의 인식 속에서 결코 우리는 삶의 근원에 대한 통찰을 갖지 못한다고 주장한다. 만약 우리가 진정한 삶의 의미를 파악하고자 한다면 표상 너머의 세계, 즉 의지세계로 눈을 돌려야 한다. 그러나 이때 쇼펜하우어는 의지세계가 표상세계와 독립해서 존재하는 것이 아니라는 점에 유념해야 한다고 강조한다. 의지세계는 우리가 피상적으로 세계를 표상세계로 파악하는 것을 포기할 때 비로소 주어지는 세계이기 때문이다. 반대로 표상세계는 우리가 세계를 소박하게 파악할 때 주어지는 것이다. 이것은 세계에 대한 근원적인 통찰을 부정하고 수동적으로 세계에서 살아갈 때 다가오는 제한적인 세계 이해일 뿐이다.

쇼펜하우어는 이처럼 세계가 의지라고 주장하면서 전통철학과는 다르게 인간과 자연 사이의 유기적인 관계를 설정한다. 전통철학에서 나타났던 인간과 자연 또는 인간과 다른 존재들 사이의 배타적인 관계는 존재하지 않는다. 쇼펜하우어는 존재하는 모든 것을 의지의 객관화로 이해하기 때문이다. 즉 모든 존재는 의지가 자신을 개체화의 원리를 통해서 드러낸 것이기 때문이다. 이 모든 세계의 근원은 의지이며 하나의 의지가 시간과 공간 그리고 인과율 속에서 다양한 존재형태로 드러난 것일 뿐이다. 그러나 쇼펜하우어는 우리가 세계를 의지로서 경험한다는 것이 결코 즐거운 일이 아니라는 점을 지적한다. 왜냐하면 모든 존재 속에 깃들어 있는 의지는 맹목적인 삶에의 의지이며, 이러한 맹목적인 삶에의 의지는 자신의 존재를 위해서 다른 존재를 희생시킬 수도 있는 것이기 때문이다. 이러한 맹목적인 삶에의 의지에 사로잡혀 있는 모든 존재는 본능상 다른 존재보다 자신의 존재를 우선적으로 고려하는데, 여기에서 다른 존재, 즉 타자에 대한 배타적인 삶을 전개할 수밖에 없다. 쇼펜하우어에 따르면 이러한 배타적인 태도는 특정한 순간 그리고 특정한 장소에서만 일어나는 것이 아니라 그 존재가 의지에 지배를 받는 한 영원히 지속된다. 따라서 맹목적인 삶에의 의지가 지배하는 세계와 그 속에서의 삶은 전적으로 고통스러운 것이라는 것이 쇼펜하우어의 주장이다. 이러한 쇼펜하우어의 주장은 우리에게 단지 염세주의를 강요하는 것처럼 보이지만 그의 철학은 염세주의를 옹호하지 않는다. 오히려 그는 우리로 하여금 세계의 본질 그리고 우리의 삶에 대한 근원적인 통찰을 통해서 이러한 염세주의를 극복하기를 요청한다. 그러한 통찰은 근거율에 의해서 파악되는 표상세계의 유한성을 간파하고 세계의 모든 존재가 맹목적인 삶에의 의지에 의해서 이끌려간다는 사실을 깨닫게 될 때 비로소 주어지는 것이다.

쇼펜하우어에 따르면 맹목적인 삶에의 의지의 지배에서 벗어날 수 있는 길은 몇 가지가 있다. 쇼펜하우어는 예술적인 관조가 의지의 지배로부터 벗어나게 해준다고 말한다. 우리는 예술작품을 통해서 주관과 객관의 구분을 넘어서서 의지가 우리에게 가져다주는 고통을 잠시 잊어버리고 삶의 위안을 찾을 수 있다고 주장한다. 그러나 예술경험이 가져다주는 위로는 일시적인 것이다. 쇼펜하우어에 따르면 우리가 이러한 맹목적인 의지의 지배로부터 벗어나는 다른 길은 타인에 대한 동정심 속에서 가능하다. 동정심은 나와 다른 모든 존재들이 모두 맹목적인 의지의 지배를 받고, 이런 이유에서 모든 존재의 삶이 고통스럽다는 점을 깨닫게 하며, 다른 존재에 대한 관심과 배려 그리고 희생을 가능하게 한다. 이러한 동정심은 맹목적인 삶에의 의지가 야기하는 고통으로부터 우리를 지켜줄 수 있을 것이다. 그러나 동정심도 역시 일시적인 것이다. 쇼펜하우어 따르면 우리에게 필요한 것은 일시적인 안정이나 위로가 아니다. 매번 다른 형태로 끊임없이 우리의 삶을 지배하는 맹목적인 삶에의 의지로부터의 완전한 벗어남을 추구해야 한다. 왜냐하면 삶에의 의지가 존재하는 곳에서는 어떤 식으로든 고통이 존재할 것이기 때문이다.

쇼펜하우어는 여기에서 삶에의 의지에 대한 부정이 절대적으로 요청된다고 주장한다. 그러나 이러한 삶에의 의지를 부정하는 것은 죽음이나 세계로부터의 무조건적인 도피를 의미하지 않는다. 삶에의 의지를 부정하는 것은 의지에 의해서 이끌려가는 삶 자체를 직시하고 의지의 본질이 무엇인지를 분명하게 파악하는 것이다. 이를 통해서 세계의 모든 존재현상이 전적으로 의지의 드러남이고, 개체화의 원리가 가져다주는 사물들의 다양성과 개체성이 단지 환상에 불과하며, 모든 것은 의지의 드러남이라는 사실을 깨닫는 것이 필요하다. 이러한 철학적인 통찰은 우리로 하여금 궁극적으로 의지가 야기하는 모든 존재와 행위들이 공허한 것이라는 인식을 가져다주고, 결국 이러한 인식은 모든 존재가 무라고 하는 절대적 깨달음을 가져온다는 것이 쇼펜하우어의 주장이다. 삶에의 의지의 부정을 통해서 비로소 주어지는 무의 세계에 대한 경험이야 말로 우리에게 진정한 삶의 의미와 가치를 가져다줄 수 있는 것이다. 이러한 무의 세계는 개체화의 원리, 의지의 객관화, 맹목적인 삶에의 의지가 존재하지 않는 세계이고, 모든 존재 간의 갈등과 대립이 없는 절대 고요의 세계이자 조화의 세계이다.

참고문헌 _____

Arthur Schopenhauer, *Die Welt als Wille und Vorstellung*(1. Aufl.), Frankfurt
am Main und Leipzig, 1996.

Arthur Schopenhauer, *Die Welt als Wille und Vorstellung*(2. Aufl.), Frankfurt
am Main und Leipzig, 1996.

Arthur Schopenhauer(hrsg. v. V. Spierling), *Metaphysik der Natur*,
München, 1987.

Arthur Schopenhauer, *Über die vierfache Wurzel des Satzes vom zureichenden
Grunde*(Zürcher Ausgabe. Werke in zehn Bänden), Bd.5, Zürich,
1977.

David Perteck, *Idee und Wille. Philosophische Untersuchungen zu Platon und
Schopenhauer*, Hamburg, 2010.

Otto A. Böhmer(hrsg.), *Denken mit Arthur Schopenhauer*. Zürich, 2007.

Rüdiger Safranski, *Schopenhauer und Die wilden Jahre der Philosophie*,
München/Wien, 2010.

Susanne Möbuß, *Schopenhauer für Anfänger. Die Welt als Wille und Vorstel-
lung*, München, 1998.

Volker Spierling, *Arthur Schopenhauer zur Einführung*. Hamburg, 2002.

Volker Spierling, *Arthur Schopenhauer. Eine Einführung in Leben und Werk*, Frankfurt am Main, 1998.

Yasuo Kamata, *Der junge Schopenhauer. Genese des Grundgedankens der Welt als Wille und Vorstellung*, Freiburg/München, 1988.

찾아보기